JICHU JIAOYU

JITUANHUA BANXUE DE SUHUI YU ZOUXIANG

基础教育
集团化办学的溯洄与走向

安国强 \ 著

中国出版集团　现代出版社

图书在版编目(CIP)数据

基础教育集团化办学的溯洄与走向 / 安国强著. —
北京：现代出版社，2021.3
ISBN 978-7-5143-9026-1

Ⅰ.①基… Ⅱ.①安… Ⅲ.①基础教育—办学组织形
式—研究—中国 Ⅳ.①G639.28

中国版本图书馆CIP数据核字（2021）第040561号

基础教育集团化办学的溯洄与走向

作　　者	安国强	
责任编辑	张桂玲	
出版发行	现代出版社	
地　　址	北京市安定门外安华里504号	
邮政编码	100011	
电　　话	010-64267325　64245264	
网　　址	www.1980xd.com	
电子邮箱	xiandai@cnpitc.com.cn	
印　　制	北京政采印刷服务有限公司	
开　　本	710mm×1000mm　1/16	
印　　张	8.75	
字　　数	160千	
版　　次	2022年4月第1版　2022年4月第1次印刷	
书　　号	ISBN 978-7-5143-9026-1	
定　　价	45.00元	

序 言

长期乐事于教育，对教育的话题总是特别关注。教育均衡化与集团化是当前教育的热门话题，倾注了中国教育人对教育现状的忧虑与探索解决之道的迫切。我对此也甚为挂怀，时常惦记与琢磨。从国家发展大势上来讲，随着我国进入中国特色社会主义新时代，我国社会主要矛盾已经转化为人民日益增长的美好生活需要和不平衡、不充分的发展之间的矛盾，这种发展的不平衡与不充分在教育领域表现得尤为突出。放眼全国，当西部地区义务教育还没有完全普及开来时，东部沿海发达地区已在全面推进教育现代化；当农村学校还在为缺乏采购粉笔及教室挡风玻璃的经费而为难时，许多城市却在为校园绿化升级而干得热火朝天；当家境贫寒的孩子因困难重重而面临辍学时，富裕家庭则在为考虑应该选择什么类型的校园和教师而劳心费力，如此种种，不一而足，都在拷问着我们每一个教育人的良知，都在为如何让孩子在优质的环境中茁壮成长而殚精竭虑。

安国强校长作为一位有担当、有作为的校长，无论是身处经济欠发达的广东梅州，还是在经济繁荣的深圳特区，都在为消解这种因不均衡、不充分造成的教育缺憾而努力着。他编写的《基础教育集团化办学的溯洄与走向》一书，就是其努力从思想、理论、思考的层面来解决问题的初步成果。他从我国基础教育的非均衡发展及其原因、国内外基础教育均衡发展探究、基础教育应用集团化办学模式分析、基础教育集团化办学发展路径分析、基础教育名校集团化办学理论与实践探索几个方面展开论述。这种从大处着眼，从国内外理论探索与成功实践中汲取经验为我所用的务实做法值得肯定与学习。

坪山是深圳的一个后发地区，教育的优质化、集团化是建设东部教育高地的必由之路，其选择的方法路径确实需要学者们从理论上去创新，从方法上去探索，从体系上去构建。其核心要义就是补短与提升，就是补齐学校发展的短板，提升学校群体的办学水平与质量。我有幸见证并参与了国强校长在梅州东山中学与深圳坪山实验学校的补短与提升实践，这是一种神圣的教育新路探索之旅。

如果说国强校长在东山中学的努力实践是为了补齐学校发展的短板，那么在名校如林的深圳，其在坪山实验学校的教育实践就是提升，提升本校的办学水平，进而带动区域教育质量的整体提升。我也乐于参与到他的这一宏大的提升行动中，倾力支持他推动各项教学改革任务落实，积极参加教师专题培训，指导各种课题研究，为营造浓厚的科研氛围、培养教学革新骨干、构建面向未来的新课堂而共同努力。

国强校长是一个文化造诣颇为深厚的文化人，他的客家文化与岭南文化研究成果已产生了广泛的影响力。其在教育方面的研究成果《基础教育集团化办学的溯洄与走向》，也必将在提升整体业务素质、提升区域竞争力方面做出积极贡献。欣闻他经过努力，考上了东北师范大学的教育博士，近来负笈北上，开始他亦工亦学的崭新人生之旅，衷心祝愿他工作顺利，学业有成。新作出版之际，嘱我作序，特书此篇，顺致贺意！

高天明

2020年9月于鹏城

目　录

第一章　我国基础教育的非均衡发展及其原因·················· 1

　　第一节　我国基础教育的发展与现状 ···················· 2
　　第二节　我国基础教育非均衡发展的成因与分析 ·········· 7

第二章　国外基础教育均衡发展探究·················· 11

　　第一节　国外基础教育均衡发展策略拾零 ················ 12
　　第二节　美国教育集团扩张模式扫描 ···················· 16
　　第三节　中美基础教育办学模式比较 ···················· 34

第三章　基础教育应用集团化办学模式分析·············· 41

　　第一节　集团化办学模式移植的可行性 ·················· 42
　　第二节　基础教育集团化办学的三大模式 ················ 48
　　第三节　基础教育集团化办学成本与风险及化解 ·········· 53

第四章　基础教育集团化办学发展路径分析·············· 61

　　第一节　集团化办学模式下的学校发展规划 ·············· 62
　　第二节　集团化办学的价值追求与路径选择 ·············· 79

第五章　基础教育名校集团化办学理论与实践探索……………　**85**

　第一节　基础教育名校集团化办学理论基础 ………………… 86

　第二节　基础教育名校集团化办学模式及目标定位 ………… 95

　第三节　基础教育名校集团化办学的机制建设 ……………… 105

　第四节　基础教育名校集团化办学现状与未来走向 ………… 124

第一章 1

我国基础教育的非均衡发展及其原因

第一节 我国基础教育的发展与现状

基础教育在过去10年中得到大幅度发展的事实是不容置疑的。然而，不同地区、不同级别、不同类别的学校在教育资源的分配上并非完全均等。在基础教育领域，生均教育经费在不同地区的学校和不同阶段的学校中表现出明显的差异。目前在我国基础教育阶段，教育经费的分配上明显地表现出高年级的生均经费高于低年级、城市地区的生均经费高于农村地区，即教育资源分配出现不均衡的情况。而这种差异也表明学生接受基础教育的地区以及学生所处的学习阶段都对其能够获得的教育经费数额有着很大的决定作用。当西部地区的九年义务教育还没有完全普及开来时，东部沿海发达地区已经开始全面开展教育现代化的推进工作；当农村地区还没有能力完全解决学生的住宿、温饱，危房处理以及改厕、改水问题时，创建现代化示范学校以及普通城市学校的升级改造就已经在城市地区开展起来了；当农村学校还在为缺乏采购粉笔以及教室的挡风玻璃的经费而为难时，城市地区早已因为校园绿化、扩建工程而热火朝天了；当家境贫寒或者为了生计跟随父母四处漂泊的孩子还在因为上学困难重重而被迫辍学时，城市地区经济富裕的家庭则在考虑应该选择什么类型的校园和教师以及如何让孩子在优质的环境中茁壮成长。

发展不平衡在基础教育阶段主要体现在五个方面，下面对这五个方面进行分析概括。

一、区域发展不平衡

乡村和城市、同一个省份的不同区域、南北方之间以及西部地区和东部地区之间在经济发展水平上存在差距，而且这种差距正在随着地区之间不同的发展速度逐渐增大。教育事业发展对经济的严重依赖必然会导致发展不平衡在不同地区之间生根发芽。

我国除港澳台地区以外的所有地区，可根据地理特点以及经济发展水平上的差异大致划分为东部地区、中部地区以及西部地区。

西部地区包括西藏、陕西、内蒙古、甘肃、青海、宁夏、云南、重庆、广西、新疆、四川和贵州12个地区；河北、河南、湖北、湖南、海南、安徽、江西、黑龙江、吉林和山西10个地区构成了中部地区；东部地区指的是北京、天津、上海、江苏、浙江、广东、福建、山东和辽宁9个地区。基础教育发展不平衡的问题大量存在于以上三个地区，经济欠发达地区和经济发达地区的发展不平衡也是一个突出的问题，同一区域的不同地区在基础教育方面也存在一定的不平衡问题。从以上三大地区的义务教育发展水平来看，西部地区在九年义务教育的普及方面已经到了全面攻坚阶段，而巩固和进一步提高普及程度则是中部地区的主旋律，推进教育发展现代化且提高教育质量和标准则是东部地区在当前阶段的主要任务。然而，地区教育发展不平衡在同一省份甚至同一城市也是有差异的，如江苏省苏北和苏南的教育发展水平差距就较为明显，而入选过2018年全国"幸福百县榜"、全国"工业百强区"的杭州市萧山区在基础教育方面就比经济相对落后的淳安县强很多。

二、城乡发展不平衡

农村地区的教育水平在城乡二元化结构的作用下和城市地区相比还存在很大的差距。从办学条件来看，"校内网""两机一幕"等现代化教学手段早已在城市地区的教学中发挥作用。而农村地区的课堂还大量依赖黑板和粉笔进行教学，且计算机房并不是所有学校都能够配备的。城乡之间的基础教育失衡大体可概括为以下几个方面。

（一）教育经费

义务教育阶段的主要经费来自政府的财政拨款，而且政府也是教育经费的投入主体。根据《中国农村教育发展报告2017》，2016年我国义务教育阶段在校生共1.42亿，其中城区4756.6万、镇区5927.01万、乡村3558.77万，农村在校生占全国在校生总数的2/3，农村仍然是我国义务教育的大头。而2016年全国普通小学生均公共财政预算教育事业费支出达到9557.89元，其中农村为9246.00元；全国普通小学生均公共财政预算公用经费支出达到2610.80元，其中农村为

2402.18元；全国普通初中生均公共财政预算教育事业费支出达到13415.99元，其中农村为12477.35元；全国普通初中生均公共财政预算公用经费支出达到3562.05元，其中农村为3257.19元。分析上述数据可知，目前农村教育经费投入尚未达到平均水平，长期以来，阻碍我国教育发展的根本问题中就包括农村教育经费投入不足。

（二）资源分布

陈中原在其著作《中国教育平等初探》中分析，城市地区在高中教育资源分布方面普遍比农村地区要丰富得多。有些地区设置出现城镇高中的密度达到农村地区数倍以上的情况。从大多数省份的实际情况来看，初中教育资源在城乡之间的分布差距并没有像高中教育资源那么悬殊，但是这种资源分布上的差距在镇乡之间却表现得非常突出，甚至可以用严重来形容。由以上分析可知，城乡之间教育机会的不平等主要是由镇乡之间的教育资源分布差距造成的。

（三）教师水平

我国的高等教育水平已经取得了巨大的发展成就，然而，这一客观情况在农村地区的教师学历水平中并没有体现出来，如果以城市地区最普通学校的教师学历标准来要求农村地区的教师，超过一半的农村小学和初中教师都不符合相关的标准。农村地区落后的生活水平以及较低的工资水平使得已经在农村工作的教师设法离开农村，而那些优秀的教师也不愿意去农村任教，这一情况的持续发展导致符合要求的高等院校毕业生不愿意到农村工作，从而导致农村教师人才严重匮乏。城乡之间的教学质量差距在城乡地区教师水平差距的影响下也变得非常明显。

三、阶段发展不平衡

在我国，教育阶段的不同导致学校的发展水平也存在着较大的差异。作为法定教育形式的义务教育不仅受到政府的重视，而且在其主导作用下还发展得比较健康和稳定。但是，义务教育内部的不同阶段之间还是存在着较大的差异，初中生受到中考和升学的压力迟迟不能摆脱应试教育的影响，而小学阶段则非常重视素质教育理念的运用。高中教育作为基础教育的重要组成部分，因能够让地方向大专院校输送人才而得到当地政府的高度重视。地方政府在重点中学、职业院校建设以及县级中学等教育相关院校的建设工作中都表现得非常积极,甚至会倾尽财力来完成这项事业。幼儿教育虽然是基础教育的一部分,但却并非义务教育的一个环节,因而也就得不到地方政府的重视,其完全达不到像小学、初中、高中那样的教学资源倾斜,而且幼儿园大部分是民办的,因此在规范性和标准化方面还存在很大的不足。地方政府在学校建设方面一般都是把优质的土地资源和地理位置留给高中学校,然后依次是初中、小学、幼儿园。然而,幼儿在柔弱幼小的特殊发展阶段本应该获得更多的政策照顾。

四、校际发展不平衡

学校级别的差异导致其发展存在较大的不平衡,如重点学校和示范学校因为受到政府的高度重视,所以也能够得到更多的政策照顾,普通学校以及薄弱学校获得的发展机会要少得多,而且这种发展上的不平衡在城市和农村学校之间表现得更加明显。发展的不平衡在同一地区、不同层次的学校中也表现得比较明显。起到示范作用的重点学校以及示范学校在硬件设施、师资力量以及教学质量方面全面超越同地区的普通学校。而农村学校、弄堂学校等发展薄弱的学校在生源不足、师资匮乏、设施落后等客观条件的限制下正面临着被撤销重组的风险。

办学层次和是否为重点学校,首先就能决定生均经费方面的差距,虽然这一指标在基础教育阶段的院校中没有过于明显的差距,但是在专项经费方面重点学校却能得到更多的照顾,因而重点学校经费还是比非重点学校高出不少。有时候,优质教学资源比较匮乏会导致一些县(市)将大部分专项经费投入本地区有限的重点学校,而其他非重点学校的专项经费之和可能还没有一个重点学校多。这种不平衡的发展模式使得重点学校可以获得更优质的师资力量和生源,久而久之,校际差距就此拉开。

五、群体发展不平衡

城乡户口之间的差异、家庭富裕程度上的差异、身心健康上的差异以及本地户口和外地户口之间的差异,都可能造成学生在受教育条件上存在较大的不平衡。从教育机会的角度来看,城市地区的家庭更加看重教育的质量,而农村地区还停留在教育的普及上;富裕家庭考虑的是孩子能不能把学习成绩提上去,而贫困家庭考虑的是孩子上学的保障性条件是否满足要求;身心健康的孩子受教育权得到了比较充分的尊重，而身心存在缺陷的孩子则要考虑如何免受教育歧视；本地学生在接受教育方面得到更多的法律及政策保护，而外地学生则难以享受相同的待遇。

（一）不同阶层导致教育发展程度不同

子女接受教育的程度在很大程度上受到父母的影响，父母学历越高，子女学历往往也就越高。家庭经济富裕或者社会资源丰富能够让孩子获得更加优质的教育资源。

（二）性别差异导致教育发展不平衡

从各个阶段接受教育的人口性别比分析来看，只有不到一半的省份存在歧视女性受教育权的问题，且这一不良现象在西部地区表现得更加明显。到了初中阶段，只有少部分省份能够做到尊重女性受教育权。到了高中阶段，学校内的男女性别比例差距比初中阶段出现了明显的缩小。在高等教育阶段，歧视女性受教育权的问题在全国各个省份都有明显的上升。

（三）流动人口的子女教育问题较多

在国家经济不断发展的过程中，城市地区更多的就业机会和更大的发展空间使得很多农村人口前往城市地区寻求发展。不过，由于缺乏良好的教育，他们大多只能从事劳动强度大但收入相对低的建筑及服务行业类工作，且他们会随着工作的变化在城市中迁移，因而被称为流动人口。农民工子弟学校承担了一部分流动儿童的教育工作，然而，相较于公立院校的教育水平，农民工子弟学校还是有很大差距的。

第二节　我国基础教育非均衡发展的
成因与分析

　　我国社会发展的公平性以及社会进步的潜在空间都因为基础教育发展失衡而受到了很大的制约，经济发展不均衡是造成这种现象的根本原因，制度和政策的倾向也在一定程度上起到了推波助澜的负面作用。

一、经济社会发展不平衡导致基础教育发展失衡

　　义务教育作为政府对人才培养的一种投资应尽可能地在投入和产出方面达到平等。然而，在实际运作中受到差别性校外影响的作用，这两种平等几乎不可能达到，最好的情况也只不过是无限接近平等的状态。因此，从投入方面来寻求基础教育阶段的平等是唯一的有效途径。20世纪80年代后期，基础教育分级管理制度开始在国内贯彻执行，这种管理制度会将辖区内的基础教育管理职责落实到地方政府相关部门，偏远落后地区由于缺乏足够的资金支撑而难以满足基础教育发展的需要，进而造成基础教育发展失衡在不同地区蔓延。

　　辽阔的面积、复杂的地理条件以及多元化的文化发展导致我国的发展格局自然地进入一种不平衡的状态。经济发展水平以及社会发展水平在不同文化、不同地理环境以及不同历史条件的作用下变得不平衡。从发展水平来看，东部最好，中部次之，西部最差，三个区域形成梯度发展关系，而这种经济发展的不平衡导致三个地区在基础教育方面也存在较大的梯度差距，即使在同一个地区也会因为不同区域的经济差异而造成基础教育发展失衡。可以说，基础教育的差距就是经济发展差距的直接体现。

　　随着我国全面进入小康社会，各地区之间的经济差距正在逐渐缩小，社会

发展也更加和谐，但是，教育失衡问题并未在此过程中得到有效的解决。

二、导致基础教育发展不平衡的制度因素

城市和农村的二元经济发展制度极大地制约了教育机会在两者之间的平衡发展。首先，城市地区经济发展水平明显高于农村地区的客观现实导致双方之间的经济结构失衡，进而造成受教育机会的差距在两者之间产生。其次，城市地区强劲的经济发展势头以及与政府部门更加贴近的现实导致有关教育的制度在设计时都更多地考虑城市地区的需要，进而也就表现出了"城市取向"，教育机会上的差异就此产生；城市地区更加重视教育的意识和观念也在一定程度上促进了城市地区获得更多的教育机会。

从教育制度来看，现行的教育制度在一定程度上导致教育机会的不平等，在教育机会的认可及分配上更加倾向于城市地区的认识和观念，而且城乡之间在教育制度上存在分歧。最典型的例子就是重点学校，基本上这类学校都坐落于城市地区，而作为接受基础教育人数最多的农村地区却只有非常少的重点学校。资源在基础教育领域内的配置在各地设置的重点学校的作用下变得更加不合理。学校之间的差距无论是从某个地区来看还是从某个区域来看，都被严重地放大，甚至人为地造成农村地区出现了一大批各个方面都比较赢弱的"差校"。

有一些学者发表文章指出：应试教育制度以及农村地区办学条件比较差的客观现实导致很多农村地区的学生早早地辍学流失，而重点学校制度在城市和农村之间造成了更大的教育机会不均等。

三、部分教育政策强化了基础教育的不平衡

社会公共资源分配不均衡是造成农村地区教育发展水平低下的根本原因，而这种资源分配上的不均衡又是由部分社会政策和公共政策所决定的。由此可见，造成基础教育发展失衡问题的主要影响因素中必然包括政策导向方面的问题。一个地方的经济发展可以被政府的宏观政策所影响，那么当地的教育发展自然也能够被其教育政策所左右。受教育人口较多与教育资源不足之间的客观矛盾导致我国长期以来一直在推行精英教育而不能推行大众教育。而这一逻辑在基础教育领域的发展就是各地政府集中资源办好当地的示范学校和重点

学校，从而造成了学校之间的发展不均衡。1949年之后，我国为了尽快建立并逐步完善国家的工业体系，在很长一段时间内都采用了高度集中化的计划经济发展体制，虽然的确取得了很大的发展成效，但也造成了一系列社会发展的问题，其中比较典型的问题就包括在制定社会与经济发展政策时我们常常更多地考虑城市的需要而忽视农村的需要。当下城乡发展之间的巨大不平衡在很大程度上是由户籍制度、统购统销制度、税收制度、社会保障制度等外在的二元社会结构造成的；农村人口作为社会中的弱势群体并没有得到教育法律的足够重视，以及现有的教育法律在执行方面力度不够等问题，也都进一步加剧了教育发展的不平衡；而基础教育领域的发展不平衡在很大程度上是由城乡地区差异化的教师制度、城市导向的考试制度、分级办学体制下的教育投资政策以及重点学校或示范学校政策等造成的。

教育发展的不均衡在"城市中心"这一价值导向的作用下被不断强化，甚至造成了城乡差别和地区差别被直接忽视的现象。城市地区的人口总是能优先享受到国家公共政策带来的优惠。而这种"城市中心"的价值导向在教育这种带有一定社会福利性质的公共产品的分配方面也体现得非常明显，而这种落后的思想观念与当下如火如荼的城市化进程以及蓬勃发展的市场经济已经不再相容。

教育的地方人文因素、教育系统内部原因、教育发展基础等是除经济社会发展、政策、制度等因素以外的影响基础教育均衡发展的重要因素。

第二章

国外基础教育均衡
发展探究

第一节　国外基础教育均衡发展策略拾零

一、美国学校的均衡发展研究

美国对基础教育工作的总体重视程度非常高，尤其是教育事业发展的均衡性和公平性，更是美国基础教育开展中重视的核心内容。只有在公平和均衡的条件下，才能保证教育质量。在美国，教育改革的开展是以提高教育机会的均等性为目标的。

自20世纪60年代起，美国就对教育均衡发展的问题给予了足够的重视，随着时间的推移，其对于教育的关注程度在不断加大，在一个时期内，美国提出了关注公立学校，将其作为开创人生机遇的工具。1965年，美国颁布的《初等与中等教育法》规定，联邦政府针对低收入社区的学校提供相应的资源和资金支持，尽可能保障贫困学生也能够有机会提升知识水平和技能水平，此后的国会会议对此法案共修改了7次，每一次都是以促进教育均衡发展为主要目标。

到了20世纪90年代，美国通过并出台了《2000年目标：美国教育法》，针对弱势群体提出了相应的关爱政策。改革的目标主要集中在为所有的贫困儿童提供帮助，确保其顺利入学，并同步提供高质量且具有发展性的学习计划的教育内容和整体规划，力求达到一种让所有美国人都能够在基础教育阶段就获得同等程度教育和阶段性教育发展支持的效果。而对于学习群体中出现的学困生，则采取将其学业列入教育改革目标的方法。具体目标内容为，各州需制定相应的政策为具体的教育机构和家长之间的联系提供帮助，促使两者形成合作关系来满足不同家长尤其是学困生家长的具体教育需求。从这一要求可以看出，在美国政府的视角下，所谓的弱势群体不应当受到被放弃的待遇，而应当得到同等的教育机会。每一个儿童都应当享有同等的教育待遇和教育机会，并且得到在未来获得成功的机会。在后续的《中小学改进法》中，政府对于由于各种原因造成的学困生给予了更高的关注度，并且对用于资助的金额提出了具体的要求，要求有一半的资金和资源应当用来资助全国最为贫困地区的教育工作开展。另外，政府还拨付了专用资金用于促进学校的均衡发展。

到了21世纪，美国提出了《不让一个儿童落后》的教育总体规划，将其作为联邦政府针对教育工作开展推出的新的改革政策。政策重点强调了消除差距、促进平等的基本目标，要求不同州的学区和学校需要给环境条件不利的学生提供帮助，促进其达到较高的学术标准，且通过建立奖惩制度来达到学生成绩稳定和提升的目的。具体来说，就是通过提出详细的奖惩制度来达到对有成绩的学校进行奖励、对有问题的学校进行惩罚的目的。从本质上来说，促进教育的平等是长期以来作为美国教育的一个基本原则和口号提出的。

二、关于韩国教育的平准化研究

在以均等为前提的义务教育背景下，韩国主要采取一种激进性更强的改革策略，即"削峰填谷"的方法。这种方法是将教育资源进行统一的整合，并通过重新均等分配实现资源分配的目标。这种分配方式最为显著的特点就是教育的平准化。

这一政策要求提出后，随着初中阶段教育的普及，学生之间争夺更好的教育环境和资源的情况也越来越激烈，尤其是在韩国首尔等大中城市，这种表现更突出。这也带来了伴随着入学竞争而来的社会问题和副作用。为了消除这些不良影响，到了20世纪五六十年代，韩国政府曾经试图改革入学考试制度，但改革的开展并不顺利，反而加剧了以名牌大学为背景的入学竞争。

为了进一步解决这一问题，韩国文教部在1968年7月针对初中阶段的教育实施免试入学的方式。这主要是由于韩国政府认识到初级中学的平准化教学对于教育均衡政策的推行具有非常重要的基础性作用。具体的平准化教育政策实施是在1969年以后，实施的范围包括私立学校在内的所有韩国境内的初级中学。在具体推行平准化教育的过程中，重点区域集中在针对教师团队、设施设备和财政方面。

平准化政策的推出对于学生的身心健康发展起到了显著的促进作用，使得课外补习力度过大的问题得到改善，并且进一步消除了具有极端性特征的学校之间的差异，使得韩国初中阶段学习入学竞争激烈的问题得到了很好的解决，实现了小学教育课程的正常化发展，并最终为初中义务教育的普及和整体发展状态的均衡性提供了支持。

三、国外针对基础教育发展均衡化的具体措施和启示

第一，政府在提出均衡发展和资源均衡分配的过程中，应当将重点放在财政支持、设施设备以及对教师团队素质水平提升的支持上。这些因素不仅直接对基础教育的质量造成影响，更从宏观的角度影响政府对于教育工作开展的宏观调控效果。

第二，在均衡化发展的前提下，基础教育的普及是一个必然的要求和发展趋势，据世界银行教育部门提出的教育政策报告，如果入学率不断降低，达到了低于30%的程度，则政府的关注重点必然会转移到如何兴建更多更好的学校上，达到扩大受教育机会的目的。而当整体的入学率上升到70%～80%时，则教育工作的开展重点将会转移到最大限度地提高内部效率上，并且将资源分配均等也放在一个重要的位置上。关于两者之间的关系，必然是普及作为基础条件存在于均衡的要求之前。

均衡发展从性质上来说，是实现和提高教育平等性的一个重要条件。绝对意义上的均衡是一种理想化的状态，在其实现和达成的道路上，每一步都需要相应的基础作为支持。这种特征在基础教育阶段是同样存在的。在这种情况下，国家的教育政策制定应当集中在扩充入学机会、缩小教育重点范围上，为实现国家针对性专业人才的积极培养和教育发挥重要的促进与扶持作用。从长远发展的角度来看，专业的建设性人才对于国家的发展和建设具有非常关键的意义，如果在这类人才的培养中也能够利用基础教育的均衡性发展促进这部分专业人才的整体基数和水平层次的提升，也是一个非常乐观的发展方向。

当教育的普及实施了一段时间并达到相应的阶段后，一方面平等教育就会成为一种必然的规律，因为一个阶段的教育普及，可以满足居民及其子女接受固定年限的教育的需求；另一方面也能够从主观上刺激居民以及其子女对更优质且高等的教育产生进一步追求的欲望。但这种刺激从消极的角度来看，会再度带来竞争的问题。这就需要政府在这个过程中实现针对资源的宏观干预，并最终实现资源分配的均等。这是解决义务教育中择校和费用问题的有效方法。

另外，"低谷隆起"是实现教育均衡发展的一个关键路径，如韩国，在推行平准化教育的过程中，就通过新设初级中学、关闭名牌初中的方法达到了这一目的。这一系列做法彰显了韩国在平准化教育推行中的决心，同时也能实现高效率完成推行工作的目的。但同样地，在追求平准化的基础上，同步保障进一步的发展也是不可忽视的。为了实现二者兼而有之，在一定程度上需要重新采取"低谷隆起"的策略，扩大教育资源的总量。从总体的趋势和发展状态上来看，韩国与我国在实现均衡教育与发展的过程中所具备的状态和情况具有较高的相似度，这也意味着我国在解决大中城市就近入学的择校问题时，可以积极汲取韩国的优势和经验。

总之，从我国基础教育建设的实际出发，对于国外教育工作开展状态的观察和研究应当本着动态性与客观性的原则，避免不结合实际地照搬工作开展思路，并且应当注意对国外在基础教育均衡化发展过程中遇到的实际问题给予充分的重视，避免我国在教育均衡化发展中出现同类问题，影响教育均衡化发展的效果。

第二节　美国教育集团扩张模式扫描

一、美国教育集团化办学的模式分析

（一）美国教育集团化办学中三类集团扩张模式分析

美国的教育体系之所以能够领先于全球是因为其具有独特的教学体系。以美国基础教育公司对于公立中学的管理为例，包括对于特许中学的管理，在设置这些中学管理办法的过程中更加注重学校和学校之间的差异，因为不同地区的学校在人才资源以及教学资源上的不同需要设置不同的教学模式。为了方便区分不同地区的教学模式，我们以三类集团化扩张的学校管理模式为例。一般教育组织都通过接管对于公立中学的管理实现自身实力的扩张，或者通过自身在内部建立优质中学的方式进行扩张，部分学校甚至采取双管齐下的方式，总而言之，当前的集团化教学力量扩张模式脱离不了以下三种方式。

1. 传统公立学校接管模式

目前美国的基础教育集团中有1家营利性教育集团和3家非营利性教育集团只管理传统公立学校，它们分别为：营利性的剑桥教育、非营利性的芝加哥城市学校领导学院、洛杉矶学校联盟、约翰·霍普金斯大学人才发展集团。接下来，笔者就芝加哥城市学校领导学院AUSL和洛杉矶学校联盟作为样本进行分析。

（1）基于人力资源的输出

芝加哥城市学校领导学院的前身是一个营利性的补习院校，成立于2002年，一开始的发展优势在于注重对于教师专业技能的培训，发展到一定阶段又涉及了公立中学的培养和管理方面，希望能够通过培养教师的方式将更多的培养结果传输给自身院校的学生，实现教师和学生的共同进步发展。

该组织的发展以及模式改变来自上层领导部门及核心教师的转换，但是公司一直都以人力输出为根本的核心内容，在芝加哥的本部对于教师进行培训和职业规划，给高技能型的教师制订详细的培养计划，从而方便对这些自己培养的人才进行再次利用。

（2）被限制的办学自由

美国的教育历史上出现过关于洛杉矶学校联盟中学去留的问题，为此在洛杉矶市还专门开展了一项比较激烈又旷日持久的立法竞争，最终当地的市长以及立法委员会会长进行了讨论，决定由洛杉矶的慈善家投资5000万美元对城市中问题比较大的学校进行整治和运作，同时市长还提出了洛杉矶教学模式四管齐下的新型教育方针，即良好的教学效果应该由教师、社区、个性化培养计划以及教育机构四个不同的方面组成。

该建议成方案实施之后，洛杉矶学校联盟在有关教学期刊上发表了一篇人口记录报告，数据显示，该机构实际运行了17家公立学校，在15000名学生中，一半以上的学生是拉丁血统，大约有10%的人非美国血统，这些学生中的大部分都能够享受免费教育套餐。经过一段时间的研究之后，教育专家发现，这种迷你社区的管理模式最终在学生的升学率以及出勤率方面都是高于其他地区的。但是一个区域教育实力的崛起必然会给其他地区的教学带来相应的挑战，最为明显的情况就是联盟向洛杉矶的其他学校或者学生受益学校提出了挑战，非营利性的教学机构为了能够应对挑战不得不削减预算并进行迫不得已的裁员工作，很多教师团体因此而进行上诉。

教育集团在选择接管州立的公立中学时，应该注意做好两个方面的工作：首先调查本公司或者集团是否在该地区具有绝对的教育实力，帮助本地的中学获得良好的竞争能力，提高当地学生的成绩。其次在选择接管公立学校的同时，还应该与当地的管理部门以及教育组织进行协调，确保能够具有绝对的力量控制或者预测最终事态的发展走向，不能让教育选择机构，而应是机构选择教育。

2. 特许学校复制扩张模式

特许学校具有良好的声誉以及充分的教学资源，因此对于这种公学进行规模扩张是实现教育集团扩张的必要手段以及常见方式。有关教育集团甚至可以在下面开设一个新的特许学校，并且兼容已经承包了的特许学校。不同的教育集团由于其机构内部结构以及教学理念不同，在扩张的方式上也是存在差异的。

当前美国最受民众欢迎的教育基础机构是一家名为KIPP（the Knowledge Is Power Program）的集团，该集团2012年的报表显示其已经管理了超过98家公学，是公认管理数量最多的教育机构。该集团之所以能够取得这样的成绩，很大一部分因素在于教育理念不同，公司自设立之初就遵循关注个体发展、追求不平凡的教学模式，实现最优的教育结果。研究人员通过对该机构的跟踪调查研究发现，该集团的最大特色在于实现自有的校长培养模式。KIPP一直以来特别注重对于领导者的培养，在注重专业能力的同时更加希望能够让教育者将思想的力量不断传递下来，成为一个具有思想的管理人员。这样，即使不同的领导者领导学校只需要保证思想的纯正，那么最初的教育方针也可以一直延续下去。当然，我们正在聚焦该集团的未来发展方向，希望能够找到更多的影响因素。

（1）促进公平的教学努力

KIPP成立于20世纪90年代中期，由两名美国中学教师创立，最初是由波士顿的一个47人组成的小型补习机构组合而成，而后在不断扩展中成为横跨美国的最大非营利性教育集团。该机构的教学基本理念为"为每一个爱学习的孩子实现梦想"，当前该集团在世界范围内已经造成了剧烈的影响。因此其管理的40所小学、70所中学以及20所高中，超过半数以上的学生能够享受教学优惠或者套餐服务。而美国是一个人种比较复杂并且语言种类繁多的国家，如果在这样的环境下能够稳步推动教育的发展和进步，那么将会极大地稳定社会发展的秩序，这也是当前世界上其他国家值得学习的地方。

KIPP在运行的初期阶段自然也会遭遇很多的质疑以及否定，其中，有的专家学者认为该教育机构的最初目的在于帮助任何一个想上大学的学生实现自己的梦想，但是这个方针并不能够解决美国的贫困结构以及推动学生的发展进步，同时这一观点直接将所有的矛盾投放在了底层或者贫困家庭中，这不失为一种变相的歧视。通过对于失败的错误定义，在进行教学的过程中严重影响学生世界观的发展，虽然外界对此有很多异议，但是我们不得不承认，该组织通过自己的实际行动帮助大部分美国贫困孩童走出了贫困，通过学习改变了自己的命运。

（2）为确保学生成功采取多样化方法

当然，KIPP并不能保证所有学生在经过训练之后都可以获得进入大学的机会，但是该机构不否认通过进入大学学习技能改变命运的有效性，因此KIPP试图为所有有希望的学生创造一个这样的机会。

为了能够在不断的发展中提高自身的升学率，该组织尝试用各种理论知识以及科学手段对于学生心理和物理的成长进行跟踪调查。检测的主要内容包括绩效任务、全国平均水平评估以及学业水平测试等。学校还会定期进行进步测试，在内部开展定期的考试，将学生进步的幅度放在全美国和其他学生进行比较。学校的教师和领导在获得这些数据之后，可以进行分层次的培训以及区分，为不同层次的学生制订不同的教学计划。

（3）独树一帜的人力资本投资体系

正如上面所述，KIPP的核心竞争力在于不断吸收和培养优秀的教师以及领导者，构建了一个完善的知识教学体系。KIPP中始终都存在一大批才华横溢、思想卓越的教师。同时为了引进更多优秀的力量，学校还会不断增加对于这个方面人才的培养力度。学校在人才培养方面注重深度和强度两个方面，即有关教师不仅需要具备过硬的专业素质，还应该具备健全的人格精神，这种教学人才能够帮助机构稳定向前发展。为了帮助机构领导和下属之间正常交流，该机构专门设计了一个特定的开放平台，用于教师们的经验分享以及制度改善讨论工作。

为了能够吸引更多具有独立思想的教师，KIPP在聘请教师的时候不会涉及个人工薪的问题，而是更多地讨论教师的个人理想以及为集体服务的精神。该机构这样做的主要目的在于，通过艰苦的环境筛选出一批能够为理想坚持、具有独特才干的教育人才。

（4）稳健的财务体系保障

KIPP旗下的公立学校在每一个季度的资金筹备过程中往往会采取多种方式进行采集，可以将资金的来源分为州立政府拨款、其他外部公司捐赠以及地方资源供给等几个方面，其中占据比例最大的部分应该是私人筹集的资金。

虽然KIPP借助外界的资金援助，但是旗下各个学校在资源的利用度上是不均衡的，平均的资金分配由每年的4000～13000美元不等，并且每一所学校每年还是存在不同差距的。在KIPP服务过的30余个州中，该组织会根据每个区域所耗费的机械成本、当地劳动力市场的价格变化以及学校学生素质的不同进行综合判断，所以该组织的商业模式并不是像外界理解的那样存在公私不分的情况，该集团能够根据自己的精准预测对于未来的发展方向做出明确的调整。

3. 双维度混合管理模式

和传统的教育集团相比，部分机构会将公立中学以及特许中学进行混合管理。以其中一个能够作为典范的集团——爱迪生教育集团为例，该集团一开始在进行扩张的时候就以这样的决策方案为发展的基本原则，在接管公立中学的同时又发展自己的新生力量，虽然最后的结果比较成功，但是绝大部分的案例表明这种方式在发展的过程中会遇到很多比较棘手的问题。

（1）传统公立学校与特许学校并行管理

虽然爱迪生教育集团以爱迪生为名，但却是由美国人惠尔特建立的。爱迪生教育集团在最初建立的时候希望能够用自身具有的一批资金去建立比较卓越的私立中学，但是这一计划最终没有实现，因为投资者突然撤资并且内部经营不善。这一计划破产之后，美国兴起了教育债券的计划，于是爱迪生教育集团彻底改变自己原本的计划，重新制定了一个发展方向，将原本的目标拓展到了多元化的发展方向，即集团通过和公立中学的合作，在此基础上培养自己的优秀师资力量，并且和其他学校进行交流合作。

该集团自从调整了战略方案之后，从1993年到后来的21世纪初裁减了大部分特许中学，并且进入千禧年之后，爱迪生教育集团总共运营了超过53家公立中学。爱迪生教育集团已经和超过50个集团以及11个教学区域进行沟通合作，交涉的业务区域已经覆盖了美国的大半国土。

（2）独特的办学道路产生混合优势

长期的实践经验证明，当前爱迪生教育集团集中管理大量学校以及学生，制定一个标准统一的运营体系是降低成本的主要途径。然而这项结论随着时代的发展也面临着很多挑战，如在2002年之后，迫于教育界的竞争压力，该集团不得不调整计划方案，削减增长计划。首席执行官指出，爱迪生教育集团接下来将会进入一个全新的发展阶段。这个阶段不再追求学校数量的增长和经济模式的改善，而是关于另外一种可持续发展理念的实现。

总的来说，爱迪生教育集团是美国成立比较早并且取得显著成绩的一个教育集团，其成功的原因主要在于其能够随着时代的发展不断结合当地教学区域和学生素质进行发展和创新，并且在稳定的发展中进行业务的拓展。因为内部人才数量较多，所以可以集思广益、不断研发新的教育方案，其中在特许学校和公立学校进行混合管理的过程中，该集团已经逐渐研发了一种新的教学模式，这种模式在全美国都能够被良好使用，在未来的互联网时代，教学的效果也将会更加明显。

（二）美国集团化办学的三维度内部治理模式分析

上面我们介绍了爱迪生教育集团实行的是一种双管齐下的管理模式，但是当前整个美国超过90%的公司实行仅仅管理特许中学的方式，我们可以将原因归结为以下三个方面：第一，在于笔者自身的问题，因为美国知识产权意识比较浓厚，当前很多公司都具有自己的文件保密机构，所以我们很难了解其内部的实际情况。第二，在于之前对于特许中学管理研究的文献比较多，所以很多公司在管理的过程中可以直接参考利用，但是对于公立中学的管理或者二者结合的模式没有出现过。第三，在于对于特许中学的管理是美国教育界研究的重点问题以及前沿问题，我们整理并且归纳分析了美国超过25家中学的访谈资料，最终发现这些成功企业的管理经验主要有了解未来发展趋势、做好师生关系培养、早期人力资源投入、准备教育储备资金等。

自从集团化办学模式被提出之后，很多教育学专家对于该词汇中的"办学"提出了质疑，笔者根据自己的理解将办学归纳为三个方面的内容，分别是计划方案、保证制度以及运行模式。因此笔者将结合上文的叙述内容以及三点建议进行分析。

1. 计划维度——增长策略的管理

实施集团化办学首先应该做好自己在行业中的定位工作，以及确定未来发展的主要方向。虽然大部分教育集团属于营利性组织，但是所有的办学企业始终都是将教学质量置于获利之上的。无论是之前提到的爱迪生教育集团所呼唤的"为美国学生提供最好的教育水平"理念，还是最开始提到的关于KIPP的"为每一个爱学习的孩子实现梦想"理念，这些教育机构虽然都是大型的营利性企业，但是我们可以发现，这些企业取得成功的原因都是它们能够始终将教育质量作为自己的企业文化。在做好自己的企业定位之后如何进行后续的发展和扩张呢？在长期的实践研究中，有学者提出增长策略管理，具体来讲，包括认识集团自身并界定品牌、创建长短期增长策略、保持策略灵活性三部分。

（1）认识集团自身并界定品牌。教育机构若想最终稳定在市场中并且将自身的价值发挥到最大化，应该采用网状的发展模式，这种模式有很多优势。

例如，学校或者教育机构在不断扩张的时候能够在区域内形成比较强烈的广告效应，但是集团在制订扩张计划之前应该做好对于自身的明确定位以及市场前景分析工作。首先，在对自身进行定位的过程中应该明确市场的法律背景以及改革动向，在政治上保持一定的独立性，制订适合社区发展的计划。其次，还应该做好内部的了解工作，即"我是谁"，教育集团应该正确分析自己的品牌效应以及周边社区对于该集团的未来发展期望，这样才能够取得比较一致的结果。总体来讲，主要可以分为三个方面：一是认识内部的企业文化；二是协调外部的利益关系，形成一个共赢的品牌效应；三是为了实施计划向外部寻求帮助。

（2）创建长短期增长策略。集团在制订增长计划的时候应该做好以下三个方面的工作：①稳定未来发展动向，提高运行寿命；②做好长期计划以及短期计划的协调工作；③保持经济上的匀速发展增长。

（3）保持策略灵活性。集团在扩张的过程中最需要制订一个合理并且精细的拓展计划方案，该方案从原理上来说比较简单，但是就实施的效果来看，市场上不存在不出纰漏的计划方案，任何计划方案都需要在运行或者试运行的时候进行相应的调整。在制订计划方案的时候应该做好以下两个方面的工作：首先，应该提前做好准备工作以及周期性的计划修订及更新工作，对于管理层面来说，独立出去进行个别年份或者环节的计划是缺乏科学依据的，要至少做好全局3～5年的整体规划，才能够在此基础上进行计划的改变。其次，很多预计方案在实施的过程中会出现与实际情况不符的情况，因此需要在无损集团利益的情况下适当地做出改变。

2. 保障维度——资源系统的构建

任何企业的后续保障系统都是由资金以及人力组成体系组合而成，所以，无论是企业还是集团，都应该做好后续工作的筹划。

（1）资金。财政系统不仅是集团后续保证的基础组成部分，同时还是指导企业未来发展、为企业持续发展提供动力的指路明灯。如果集团旗下的学校构成了一个比较稳定的网络系统，那么企业的运营资金将会变得更加稳定而可以控制。但是对于大型的或者刚刚起步的教育集团而言，找到大批的资金投入是一件非常具有挑战性的工作。很多公司通常采用多元化的筹资模式，但是往往在接受私人捐助之前还需要签订内部的附加条件。

（2）人力资本。稳定持续的增长模式需要定期对内部人员的组成进行适当的调整，对于企业管理层或者决策层来说，需要正确把握在什么样的阶段引进新的人才力量，并且对于引进的人才用适当的培训方式加以利用。高明的管理模式往往离不开员工更替、领导系统组成方式更新以及领导方式更新三个要素。在集团进行拓展的过程中，需要在早期投入大量的经济成本用于引进和培养人才，虽然可能很多公司难以理解这样的经营理念，但是对于教育集团的发展而言，这个环节往往是至关重要的，只有拥有充足的人才储备，才能够保证集团在未来的市场竞争中取得良好的竞争优势。董事会在任命职位的时候应该对重要的职位进行仔细认证，如材料采购部门、人才培养部门以及人力资源战略部门组成人员等。

领导层面在集团进行扩张的初期所出示的任何一个指示对于集团未来的发展方向都是具有重要战略意义的，因此董事会应该注重做好领导通道的开发工作。创建这样一个通道最大的意义在于帮助底层员工获得更多的发展机会及学习机会。部分教育集团或者大型跨国公司喜欢聘用外部或者其他公司的高管人员，但是更多的教育企业喜欢通过自身培养的方式来挖掘属于自身内部的人才，因为这样的领导者更加有益于公司未来的稳定发展。因为所有教育企业的最终目的都是实现集团化的网络体系，因此为了实现这种网络体系的稳定性，只有保证内部的领导者是公司中的利益相关者，才能够保证企业的长久发展。从另一个角度来说，自身内部挖掘培养的人才对于公司的未来发展方向以及内部问题能够具有更加明确的思想，所以即使后期出现了战略上的调整，也可以及时做出调整。

3. 管理维度——多元化的评价

做好以上几个方面工作之后，集团还应该关注集团在成型之后的管理问题，集团需要在稳定之后具备一个完善的管理体系为未来的发展指明方向。美国教育联合协会的测量成功建议就是基于此提出的。在收集了相关资料后，我们对于"测量成功"这个词汇无法做出确切的理解，因为文献和资料方面的记述都是相当匮乏的。另外，这个因素涉及大部分集团管理的核心信息，所以需要在后续的研究中进行深入分析。

测量成功的要素评判基础完全取决于集团在发展过程中所取得的里程碑式的成绩。如果测量的方向比较明确，并且采用的方式比较合理，则可以完全避免很多不必要的额外劳动和经济成本。但是在这个过程中，集团的领导层面应该注意给测量的结果制定一个合理的评级制度，以便为以后提供参考的标准。

（三）美国教育集团化办学模式的多样化与专业化

1. 集团化办学模式的多样化

集团化办学的管理模式主要分为多维管理、单方向公立中学管理和单方向特许中学管理三种比较常见的类型模式。下面我们将着重对最后一种情况进行整理并进行发展结构的分析，因为当前大部分教育集团所应用的都是这样的结构，尽管美国当前的教育结构已经产生了多元化的变化趋势，但是我们仍旧应该按照大部分国家的发展趋势来分析问题。美国之所以能够取得这样的发展变化，一方面在于大部分教育集团在发展过程中面临着二次革新的挑战，另一方面在于很多特立中学在最初建立的过程中的基本方针都是为教育集团服务。

（1）教育集团运营模式多样化。教育集团可以根据不同的评判标准进行分类，上文所提到的扩张模式和治理模式只是其中的两个分支，当然还可以分为其他类型，如美国有的教育集团以州为发展单位，但是大部分教育集团都是跨区域发展的。如果按照虚拟程度分类，有的集团是实体店面分布的，有的集团根本没有运行的实体，完全是在互联网上进行办学。

（2）教育集团网络内部发展多样化。教育集团在不断扩大规模的过程中，经过阶段性的危机之后必然会进入一个稳定的发展时期，此时，有关管理人员应该抓住这样一个稳定的阶段进行二次扩张。当然扩张的结果存在两面性，可能会使公司的规模越来越大，也可能会导致公司衰落。例如，爱迪生教育集团在这样的时期对于自身的教育业务活动进行有效补充和规范，从而实现了更加稳定的发展。下面我们主要列举衰落的例子。

美国K12教育集团在2013年完成了初步的扩张，为了实现更好的发展，决定在下一个阶段增加更多的业务量，对于教学技术、骨干人员进行二轮投资以及培养希望获得更加有力的市场竞争力，同时借助互联网的便捷技术希望能够直接在网上帮助学生查阅自己的成绩。事实证明，美国K12教育集团通过线上和线下相结合的营业模式，为社区内部的学生制定了比较适宜的学习模式，并且提供了多元化的社区服务。在美国当前众多的教育集团中，传统教育学院（现为卡普兰学院拉斯维加斯校区）是一个比较特殊的教育体系。因为该组织不仅历史悠久，同时也是北美地区规模最大的特许经营公司。当然，最为特殊的一点在于该组织属于一种营利性的公司而不是管理的学校，董事会完全有权力用纳税人的钱来建立学校内部的建筑以及添置教学用具。该公司的运行模式也就意味着如果学校的董事会不满足组织所做出的决定或者意见上产生分歧，那么该组织有权力将学校的内部建筑作为一项私有财产带走。

2. 集团化办学模式的专业化

资本主义国家公立院校的教学质量一直以来都难以提高，很多学者认为，若想彻底解决这个问题，首先政府以及办学机构应该给孩子们提供一个前途光明、教学人员素质高、运行有保障的学校体系。但是从美国的基本国情来看，教育问题始终无法像华尔街的优先股那样保持稳定的上升趋势。教育集团同样希望能够通过自身内部的改革改变这样的局面。当然集团管理是具有一定优势的，因为集团可以用自身的资源优势对公立学校内部的人力资源进行调整，对多余业务进行删除，为学生以及教师团队提供更多的有效时间以及精力。分析美国当前市面上几家发展比较好的教育集团可以发现，它们存在的普遍共同性在于都能够为受教育的人员提供这样的基本需求。

每一个学生都有追求发展自己的权利，但是对于绝大部分公立中学来说，因为学生数量过多，教师缺乏这样的精力进行因材施教，这也是教学质量无法持续升高的一个原因。但是对于集团化管理的组织机构而言，旗下的公立中学办学规模比传统中学小，教师能够将更多有效的时间投入在与学生的相处中。教育集团之间的教学理念存在很大的差异性，当前的大学录取方式虽然都是一律平等的，但是对于具有共同目标的群体而言，它们之间还是存在很大差异的。KIPP在该问题上会事先沟通有关学院，为问题学生、生病学生、运动员学生以及贫困学生制定不同的发展规划，因为能够具备充沛的生命力，抓住学生的发展内核，帮助他们充分挖掘自身的天分才是最为重要的。

在师资力量的培养方面，前面已经讨论了几种详细的方法，在美国当前教育集团中，在这方面比较突出的有芝加哥城市学院以及上文的KIPP。虽然我们都普遍理解教育的最终目的在于激发学生的学习潜力，但是很少有人能够理解教师在这个过程中起到了至关重要的作用。KIPP在招聘教师的时候明确了自身的教育体系以及项目领导部分，为集团的发展提供了源源不断的动力，同时高素质的教师团队在一定程度上可以改变低效绩学校升学率的问题，芝加哥城市学院已经充分证明了这个道理。

课程体系安排以及内容设置同样也是决定一个教育集团最终的市场定位的主要因素，很多教育机构甚至将课程内容的编排部分作为自身发展的核心机密。课程的内容是教育的主要载体以及传播的表现形式，大部分学院在常年的教学中核心的教学内容并没有发生质的变化，改变的只有一些辅助性课程。

美国教育模式之所以先进是因为它们的模式涉及全民教育的内容，即家长和社区参与教育。大部分家长可能会通过学校网络和教师进行及时的沟通联系，教师将学生在学校的情况进行反馈，很多虚拟特许学校需要在互联网上完成课程的教授，然而大部分学生是缺乏自制力的，往往需要家长在旁边进行监督，所以这类学校的发展自然离不开家长的帮助以及监管。

二、美国集团化办学应有的保障与制约

为了方便日后应用并且复制集团化教育模式，下面笔者将对集团化教育模式中集团与政府组织部门两个部分的权衡制约关系进行仔细研究。

（一）集团学校应有的保障与制约

1. 可被复制优质主体的界定

美国大部分特许学校在集团化的管理之下实现了质的飞跃，不仅教学质量大大提高，同时升学率以及营业额都得到了很大改善。大部分学校在这个过程中都得到了扩张性的发展，并且在州和州之间建立了牢固的关系网络，形成了稳定的教育集团。但是这种情况并不是存在于所有的教学机构中，必然会在个别的州立公学反响平平。部分学校盲目复制上面的教学模式，没有结合自己的发展前景以及周围实际教学环境，导致最后失败，濒临破产，究其根本在于这些学校对于成功学校的定义产生了很大程度的误解。

随着时代的发展，成功学校一直都是在被不断进行定义的。例如，在1998年，人们普遍认为一所优秀的学校应该能够提供稳定的教学环境、有秩序的教学体系，内部的教师和校长应该能够花费大部分时间在学生的教育上面，同时家长、教职工应该能够在重大决策上形成一致的意见，学生能够在规定的时间内高效地完成自己的学习任务。

但是，今天很多研究人员表示，成功的学校应该按照标准的规定进行测评，其中财务状况、运行业绩、学术贡献水平都应该被纳入考核项目中，一所学校能否成功、是否具有应用的价值应该从以下几个方面进行评判：①是否具

有健全的财务增长计划；②是否能够将自己的运行模式潜移到一个陌生的教学环境中；③是否能够为自身的成功管理模式提供可以证明的资料证据等等。

2.统一契约原则的指导

（1）统一契约原则

在混合管理的模式之下，教育集团的内部特许学校能够为分支的公立中学提供合理优质的教学计划以及管理方案，在保持原本学生数量以及公共服务供给量不变的情况下，市场自动对教育服务的供给量进行增加。一方面政府出资建设公立学校，另一方面公立学校的经营权和所有制度实现分离。在这样的制度背景之下，很多特许中学规模得到大幅度提高，将营利性组织以及非营利性组织进行混合管理构成了一个新的教学体系，形成服务多元化的教学体系。

在多元发展的背景之下，对于不同学校之间的管理也就显得尤为重要，为此不少教育集团纷纷为特许中学制定特许合同的模式，即该模式在集团化不断发展扩张的时候运用委托管理的模式应对不断变化的市场趋势，当然还有一种情况就是教育集团和特许学校的最高负责人签订契约关系。两种方式有一个共同的特点，就是拥有运营管理权力，因为多元系统的情况比较复杂，而运用委托管理的方式恰恰能够起到一个比较明显的适应效果，因此这种模式能够帮助该系统实现长期的稳定，并且在契约制度的引导之下，管理人员还可以根据实际情况进行具体细分。

（2）特许学校合同所含要素分析

特许学校因为追求教学目标的标准不同，因此在不同地区甚至州和州之间存在一定的差距，但是美国任何一个地方的法律都要求特许学校和授权人之间签订合同关系，即该学校将会因为合同的关系被当地的法律所约束和限制。合同中的细节部分将会对学校的各项条款、运行条件进行权力的划分以及责任的确定，该合同可以被看作一种行政条令，也可以被看作一种绩效协议。特许学校的申请以及办理不是一项合同而是一个具体的计划方案，而特许合同是学校建立的前提标准，即规定了内部各项活动的具体细节部分，所以很多办学机构都是先签订合同然后根据合同的内容做出实际行动，如果没有签订这样的合同，那么原则上是不允许运行的。

一所合格特许学校的建立应该首先订立学校的合同，而合同内部应该包括以下几个方面的内容：第一，合同拟订人员应该做出一些比较基础的事实陈列部分，确认合同的签订背景、双方人员以及特许中学被赋予的权力。第二，关于学校的建立，应该就学校的环境、内部配置情况以及结构组成进行详细叙述。第三，关于学校的运营，签订者应该明确学校长期运行的核心因素以及合法性。第四，关于学校的财务状况，制定科学的资金流动系统，确定能够找到最终的合同负责人。第五，关于人员组成，学校的内部教职工学历情况以及在校学生的状态等。

尽管特许学校的合同内容比较繁多，诸多的条款以及规定都是由合同签订者进行统一负责和管理的，但是因为是特许学校的缘故，必然会存在学校特定设计要素以及环境影响，这种情况通常都需要签订特殊的条件。例如，同样在一家教育组织内部，其高中的教学理念和小学的教学理念在预期效果上会存在很大的差异，为了能够识别这里面的差异因素，个别学校在签订特殊条款的时候，授权这里通常都会签订一个带有样板字样的文件以方便后期因为环境因素的改变而修改。

（3）特许学校合同的期限与更新

学校的经营以及管理对于负责人来说是一种特定的权力，而不是一种简单的管理权力，同时为了能够实现权力的制约以及平衡发展，合同需要保证具有可更新性以及适应性的特点。在管理期限到期的时候，授权人依照合同的内容对于管理者在校期间的业绩结合合同内容做出有效的评估。合同期限在最初的阶段往往是不成熟的，因为特许学校此时可能仍然是不确定规模的，未来是可发展的。例如，可能在初期的发展阶段只有一个年级或者班级，但是随着规模的发展和壮大，原本的管理模式不再适用了，此时需要合同的签订人员以及授权人员对于学校的生命周期进行合理评估，为日后的修改留下可以拓展的空间。同时为了能够适应外部市场的变化需要，合同签订人员理应担负起高风险，因为决策性的失误会影响组织的未来走向。所以当地政府为了能够稳定教育市场的发展，通常都会在进行决策的前期留下一个可以产生有效数据的特许期限，大部分地方州政府将这一期限的时间设置为5年。为了避免金融危机以及其他外部不可抗性因素的影响，州政府还应该允许授权者在面对特定情况时有权撤销合同方案。影响合同期限的因素除了上面提到的之外，还包括学校内部管理模式出现极端恶化的情况，管理人员在教学过程中出现严重违法或者违纪的情况。很多州政府将这一调整年限设置在15年以上，那么期限的延长也就方便更多的特许学校筹集更多的资金进行设备购进以及学校内部人才培养等，教育集团在金融市场上的股票价格也会变得更加稳定。但是长期的特许年限将不能再获取更多的融资资金，因此部分州政府同样考虑过将合同期限更换为传统的5年限制。

一份科学合理的合同文件服务的对象为合同承担者以及授权者，方便双方在规定的年限分清各自的责任以及目的。在合同的制定以及签订之前，双方应该首先对学校最终的发展方向以及二者在学校业务中的关系进行有效明确，如果后期频繁因为双方观点不同而修订合同的内容，合同的最终效果也将大打折扣，有损其严肃的形象。合同的合理性体现在能够在规定的限制下给予学校管理人员充分的自治权力，只有这样，才能够根据外部的市场变化在内部做出适当的调整，对于合同的内容进行修改。虽然合同是由双方签订的，但是一旦合同生效之后，一方提出修改文件的内容，另一方应该无条件接受修订的法案。

如果合同中设计的内容比较详细但是价值比较微小，此时只要双方全部赞成并且维护这些条款，授权者应该结合这些详细内容的细节部分对于学校的绩效进行仔细测评，从而快速推动合同的发展进步。合同的修订者应该在当地州政府的监督之下在合同生效期间努力对每所学校的业绩进行合理评估。持续的检测评估由多个环节组合而成，其中包括各项工作情况的指示汇报、学校的年度报表、访问频率等多个因素，如果学校管理者在进行管理期间出现学校绩效和预期标准不符合的情况，州政府可以利用一定的手段进行干预，如果无法干预，则可以采取强硬的措施直接解除与学校的合同关系。特许合同一般都会给予特许学校独自的管理权力以及发展模式，合同的签订以及建立一方面能够为学校提供保障的力量，另一方面也是一种制约性的阻碍。部分特许学校为了能够吸引更多的权威力量，往往还会寻求州立法委员会的帮助，此时，合同的内容可以作为参考的主要依据。

（二）政府应有的保障与制约

1. 特许学校法的修订

（1）"支持优质公立特许学校的法律模板"中界定的20个元素。美国的特许学校虽然发展规模比较大，但是对于州地方而言，如果该州没有为特许学校建立专门的法律保证，则该州的任何地方都不允许建立特许学校；如果该州建立了这样的法律，该州也可以不设置这样的学校。因为特许学校的发展目标处于不断的变化之中，从最初的注重创新到注重业绩再到今天的注重质量，各个州的地方法律同样也在发生不断的变化。2009年，美国国家公立特许学校委员会规定特许学校应该具备以下要素：没有上限；形式多样；授权人责任机制，资金充足；拥有独立的董事会制度，明确招生方向；公平获得资本资金以及各种教学设备，获得员工退休系统资格；允许拥有教育服务提供商；等等。

（2）促进集团化办学的法律建议。当前集团化的教育模式下涌现出了一批取得不错教学成果的集团，如KIPP、YES教育集团和爱迪生教育集团等。当前美国政府存在的问题在于各个州之间不同的法律制度给跨州公司的程序制定造成了很大的束缚，影响了他们对于成功学校的复制以及发展，同时即使能够满足上面的种种条件，最终能够留下来做学术研究的时间将会很少。但是上面的几个教育集团经过长时间的发展和研究逐渐适应了这样的国家环境。这些集团每开设一所新的学校都会设置一个独立的董事会，这些独立的董事会拥有决策经营权力，能够在有效的时间和复杂的环境中及时更新合同的内容，并且提供较少的责任问责服务。另外，学校的管理人员只能在规定的范围内完成自己的管理以及业务拓展，这样也就在极大程度上限制了那些追求高业绩学校的发展。美国不同地区对于特许学校的建立往往会制定不同的法律限制，这些跨区域进行业务拓展的公司往往会在不同州之间出现原则冲突的情况，因此那些需求不断扩大的学校需要获得足够多的资金保证以及法律支持，部分教育组织习惯将设备的可获得以及更新速度作为企业扩张的核心要素。

为了促进弱势学校的发展，为优秀特许学校提供稳定的发展保证，当前人们应该从以下几个方面做好改进的工作。

虽然法律上规定特许学校没有上限，但是这种规定可能会限制该类学校的发展，因此为了解决这样的局限性应该设置一个顶板。特许学校在不断发展的过程中往往会增加很多新的规定，即无论企业如何改变，这种效应始终都是存在的，这也是限制企业未来发展的主要因素。截止到2006年，美国已经有41个区域拥有自己的特许学校，其中超过半数以上的学校每年都保持稳定的收入增长。这些学校无论是招生的数量还是扩张的规模都是存在上限的，种种限制不利于学校未来的发展，因此为了降低这种影响的效应，应该采取一定的规避方法。"中间序法"正是基于这样的背景被提出的,这种方法的原理是在原本方案的基础上改变法案的上限,从而允许更大的后期发展空间。扩大限制能够允许多种复制方式并存。智能上限主要体现在不计算成功学校的复制数量,但是会为它们建立一个独立的数据上限,追求这种智能上限的公司需要在当地州政府的指导下事先准备好复制资料以及资格,包括该公司本部在其他州的业务数据情况。

集团组织还应该改善内部的管理结构,和传统的公立学校管理模式不同,很多特许学校都配备专门的独立董事系统,内部的会员并不都是学校的教职人员,而是来自社会各界的具有专业技能的家长、社工以及教师。很多董事会议习惯邀请一定比例的家长参与会议内容的讨论以及制定。在法律允许的范围之内,董事会的责任在于监督学校各项事业的稳定运行,即使部分私立学校雇用了校外的组织集团进行运行管理,但是最终的决定权以及控制权还是掌握在校董手上的。

特许学校的复制需要当地州政府营造一个良好的法律环境。为了减轻州政府的工作责任,可以允许集团同时运营多个特许学校,而政府的法律直接对集团负责,这也就大大简化了管理的结构。但是在部分地方因为数量上有限制,所以不会允许一个公司同步运营那么多数量的学校,因为这种情况将会制造很多复杂情况。另外,还有一些州为了改变这样的情况,帮助学校创造更多的业绩,尝试修订地方的法案。例如,美国的相关组织为了提高学校的运转效率,尝试减少不必要的教学汇报内容以及环节。如果特许学校已经满足制定的业绩要求,则在未来将不会被要求出示业绩管理的计划,当然这些计划要求方案是那些业绩不达标的公司必须出示的。例如,美国加利福尼亚州制定了一个全民受益的政策,允许特许学校在其他州建立以及扩展,很多现象都可以证明他们所提供的权益以及教育服务是单独一个地域或者单独一个组织无法提供的。

纽约的几所特许学校领导人表示,在未来的发展中希望能够给更多优秀学生创造一个良好的学习和成长环境,因此有关领导人建议允许一个学校或者一个董事会运作几个校区或者学校,这样也就能够扩大招生的数量。

复制学校的模式通常都是简单的,但是将成功学校有效复制过去是一项非常困难的任务,就如同当前的创业一样,即使创业人员事先已经做好了充足的计划和准备工作,但是没有人能够保证在未来的发展中不会出现其他突发事故以及情况。政策的制定人员应该对先前的经验进行及时总结，并对复制目标抱有信心。

2. 政府资金的保障

制定资金保障制度可以从以下四个方面入手。

第一，州政府可以允许特许学校在法律上被保护并且被直接认定为教育机构，被认定的机构有权利接受来自其他地区或者公共性的盈利收入。

第二，法律条文政策的制定人员应该首先确保教育机构在启动资金上的灵活性。美国教育监管部门明确规定，在启动教育资金之前如果该基金用于特许学校或者一个特权之下的其他多个特许学校，该学校只有在法律上满足所有要求以及定义，并且学校本身保持良好的独立性才能够被允许，并且在具备扩张资格的前提下，启动资金不能够允许一所特许学校下面具有很多分支，如果存在这些分支，则不能分散处理。

第三，支持并且保证特许学校具有完善的教学设备以及资源。当下普遍的认知便是缺乏设备的使用权常常是制约学校发展的主要因素和障碍。美国已经有超过20个州设置了相关的法案来克服这一困难，主要措施可以分为提供现金援助或者以教学机器租赁的方式帮助学校缓解一次性投入资金的压力。例如，哥伦比亚州目前已经能够给学生提供关于计算机方案的援助，联邦的政府组织部门同样为特许学校制订了相应的激励计划，并且提供相应的设备。

第四，设置专项资金，成功的特许学校管理模式需要经过管理者长时间的总结以及改善，同时其成长环境比较复杂，随时需要接受来自社会各方面的压力，为此外界政府应该主动担负起营造这样的环境的任务。在下属的城市中可以设置转向的产业孵化园来帮助有关创业者加速他们梦想的实现，另外政府部门可以和相关的基金会建立合作关系，在转向资金中引进私人投入的基金达到共赢的目的和效果。例如，微软公司创始人比尔·盖茨就曾经和特许学校建立了这样的关系，在长期的合作和管理中形成了独特的默契性。

3. 集团化办学效果检测与问责的政策指引

教育的基础目的在于提高全员的学习能力，因此无论是特许学校还是公立学校，都应该大幅提高对于学生学业水平的测试力度。当然评估学生的学习成绩仅仅只是教学评价环节的一个细节内容，当地政府需要在制定宏观发展战略的同时兼顾这个问题。

　　学校的业绩完成情况以及财务增长状态都是衡量这所学校质量的主要依据。在特许学校进行扩张之前需要综合考量该学校学生的实际学习情况、学习成绩以及综合素质，各个州政府应该基于学生的学习成绩建立衡量标准。有关教育专家小组给出了以下四个方面的衡量标准：一是学生平时的学习成绩，这个因素可以用平常考试中的某一个阶段性的考试成绩进行衡量；二是学生的进步幅度，学生的成绩随着时间的推移是否能够发生变化；三是学生对于升学考试的准备状态以及最终结果，这都是为中学生准备的；四是课外活动学生的参与度以及达标情况，如考勤以及招生情况。

　　在互联网的时代背景下，在财务以及学术的共同导向作用之下，作为集团下面的分支学校应该通过自身独立的运转模式采用同样效果的问责模式，其中学术报告以及财务报表应该分为不同的部分呈现出来，并且需要以透明的方式展现出来，这也是区分学校情况与学校层次的一个重要手段。为此，在政策上应该给予这些学校充分的财务自由以及时间去进行合理分配，保证该网络体系下的所有资金都是被学生充分利用的。

第三节 中美基础教育办学模式比较

一、中美集团化办学的比较分析

中美两个国家因为制度、文化等方面的差异性，在教育集团化的发展中存在很多的差异以及问题。我们同样可以发现，尽管双方社会角色不同、民众社会不同，但所有教育集团还是能够在发展的过程中追求教育至上的基本原则，所以这两者之间还是存在一定的相似因素的。

1. 中美集团化办学的不同之处

不能否认的一点就是，外部的社会因素对于集团化教育模式的形成以及模式的差异会产生很大的影响。从上一节分析可以发现，中国和美国因为社会制度以及文化体制方面的不同，在集团化的发展过程中遇到了不一样的问题。如果对此进行详细分析，首先就法律层面而言，美国的特许学校立法是先于学校建立的，并且根据法律去引导学校的发展，在约束行为的同时为未来的发展方向提供很好的保证。但是对比可以发现，中国很多集团化办学都是从下到上发展起来的，往往是实践先于法律，在发展过程中不断试错去积累经验从而制定合适的法律规定，因此外部的环境还是较为复杂的。其次在于公众的受教育程度不同，很多美国的集团化教学人员在教学过程中更加注重个人理想的融入，所取得的成绩完全出于个人的意向，而不是单纯受到金钱的驱使，当然很多资金能够由资金协会进行赞助。

美国的基础教育制度为美国教育集团输送了大批教育人才，如KIPP的两位创始人最初都是美国的中学教师。近年来"美丽中国"项目在我国起步，但是我国民众的公益精神还有待提高。两个国家对于教育市场的需求程度是不同的，美国教育市场起步比较早并且发展速度比较快，是自主将市场竞争机制引入教育行业中的，因此不会出现较大的波动。我们国家自从改革开放之后，市场竞争受到了巨大的冲击，主要体现在大量竞争者在教育行业盲目追求经济利益，忽略了自己的办学价值以及教育理念。我国当前的教育市场还处于一种模拟的状态下，很多方面是有待政府进行调控和转变的，需要对这个部分进行监督以及引导。

两国教育集团在发展过程中内部所涉及的管理模式也存在较大的差异。中国教育界对于集团办学的定义为：为了促进教育行业的均衡发展，实现教育人的自身价值，同时基于业务的需求不同，需要和第三部门通过签订契约的方式建立新的公立学校。那么我们也就可以将办学主体的责任人理解为第三部门，客体是公立中学。因此管理模式上的差异主要体现在客体、第三部门以及契约内容三个方面。对于我国的集团化教育而言，在第三部门以及契约制定之间存在很多的模糊区域，但是这两个方面对于极其注重法律的美国而言却是非常重要的。另外，美国办学的客体主要为公立学校，但是中国教育管理的对象主要为公立学校和民办院校。

2. 中美集团化办学的相似之处

美国集团化办学自从形成以来主要经历了三次特征比较明显的阶段，其中最先开始的是萌芽发展阶段，这一阶段的主要任务在于为基层学习有困难的学生提供一条新的出路，旨在对传统的教学模式进行不断修正和创新发展。这个阶段的主要任务以及重点对象为基础比较薄弱的地区，更注重对于优质资源的扩张从而实现资源的均衡发展。其实该模式在我国的发展过程中同样也是有这样的价值理念，我国民办学校在办学之初，同样也追求质量至上的价值理念，对于这一点可以聚焦我国东部薄弱学校以及西部贫困学校，以此来对应美国的贫困学校。用东部学校的发展状况来对照美国学校，是因为我国东部地区经济发展比较迅速并且教育资源比较均衡，在竞争市场上非常有利于对薄弱学校进行质量提高，但是相比较而言，我国西部地区发展比较缓慢并且相对贫困，研究西部学校的发展情况并积极引进东部教育力量非常有利于均衡国家教育资源。这些教育集团借助自身的教育模式以及特殊的教育使命感去服务西部地区，逐渐平衡两个地区的教育质量。

除此之外，我们在归纳总结两国教育集团相似性因素时，还应该在研究之余考虑两国的教育发展规律以及主要特点。虽然两个国家在法律制度、文化环境等各个方面存在差异，但教育规律都是凌驾于这些不同点之上的，教育规律在集团化办学中就是人和人在一起共同探讨社会交流活动的问题，这种人群不分年龄以及种族，研究的内容包括对于课本内容知识的传授、生命意义的讨论、意志行为的培养等。所有内容都是通过文化的形式承载和传承下去的，将这种教育规律传递给下一代的过程中，年轻人再去对其加工和改变。教育的最终目的在于探讨出如何能够挖掘青年人的学习潜力以及优势，并且尝试研究出如何能够将人体的灵性和肉性充分融合。进一步来说，教育的本质在于对人体的灵魂进行教育和引导，而不是对简单的科学知识的无端堆积以及应用。所以，优秀的教育集团应该忽视运作模式以及学生的社会背景，真正关注对于个体灵魂的培养。因此笔者认为，当前国内的教育集团应该充分认识到这个问题，即教育至上，盈利其后。如果每一个集团都能够注意到这个问题，那么我国的教育水平也就能够得到有效的提高。

二、美国集团化办学的借鉴

在价值追求、规律遵循以及我国法律体制的共同要求下，我们对于美国集团化办学的教学模式可以有选择地进行利用以及借鉴，这样才能够完美地适应我国的国情，并解决目前国内教育集团管理的内部问题。另外，我国的办学背景层次多样、形式多种，在同一种环境下存在不同的办学模式，如公立学校以及民办学校等。因此在讨论集团化办学模式的时候，我们应该以国内公立学校为主要研究类型。

1. 出台专项法律，规范市场、政府、集团三方力量

美国的集团化办学在发展过程中专门为特许学校设置了经营权和管理权相分离的模式，但是在真正实行的时候还会受到很多外部条件的制约。为了保证特许学校的正常发展，各州纷纷颁布了特许学校法，同样，各个州因实际情况不同对于原本制定的法律进行了修订和调整，并且加入了能够促进学校发展的元素。与中国不同，美国的这种发展模式是建立在比较完善的社会保障制度基础上的。我国为了促进集团化办学也制定了管办评分离的模式，但是这种模式主要建立在政府角色和运作情况之上，因此我国在改革中需要做好规范市场、政府以及集团三方力量的工作。

为了保证公立学校职权的完全分离，为集团化办学提供充分的发展空间，

我国在专项法律的制定中还需要涉及未来学校经营授权制度，主要内容包括多样人群、授权问责制度、资金流向、透明度调查以及相应的监控和数据收集的过程等。专项法律的制定既要保证集团化的发展规模，还要能够相应地制约集团的经营权。集团的经营权主要包括财政自治权、独立董事会权力以及明确的招生指标。

就我国而言，因为自20世纪80年代实行了市场经济，在短短的几十年间虽然取得了显著的成果，但是当前的市场体制还存在很多漏洞，当前的专项法律虽然不能够在大范围内对集团发展进行规范，但是至少能够给这些集团的发展提供保证。美国的集团化办学市场就是已经建立了这种规范的准市场，因为该模式本身就是借助活跃的市场机制进行运作的，其允许学校在运行的过程中运用外部的资金负责运转以及获取利润。但是我们同样也可以发现，这种模式的建立需要稳定的社会秩序以及充足的资金保证。结合我们国家的发展现状，我们应该积极引进这种活跃的竞争机制，并且采用委托管理的模式进行学校的运作以及管理。但是，办学者旨在利用这样的竞争模式，最终使教育市场的发展得到平衡，这就要求政府营造强大的教育环境而非站在市场盈利的单一角度。为此在专项法律的制定中应该明确这些方面的问题。

在对学校的经营权以及所有权进行分离的过程中，政府应该积极做好角色的转变以及承担起相应的责任。如地方政府可以尝试在某些地区的公办学校做好示范的工作，尤其是对于薄弱学校的治理，这类学校可以将这些压力释放给社会，让更具有经济实力以及设备的社会力量来承担运作。但是政府在这个过程中的责任并没有减少，相反，将会增加更多的社会责任。因为政府部门应该明确各个集团将会以什么样的规范对薄弱学校进行运作，其自由的程度是多大，最终的目标要到达哪里以及政府能够提供的帮助上限是什么。

2. 运用委托合同，明确双方权利与义务

委托合同是集团化办学中比较重要的环节，在委托管理实践环节有重要的体现，合同是一种机密的文件，因此笔者无法得到这样的有效数据，从当前能够收集到的资料来看，条款还有待进一步商榷。在确定具体的要素之前，笔者认为有关集团的合同签订应该首先理解当时的实际环境，因为如果集团新建了一所公立学校，使用的是政府资金，那么学校最终会归政府所有，公司仅仅拥有学校的经营权，并且集团还需要和当地政府建立相应的契约关系。如果是集团接管学校，那么集团只能够获得被接管学校的经营权，后续还需要签订相应的委托合同。

确定好合同的基本框架之后，接下来应该明确内部的具体条款。以美国特许学校为例，笔者发现了如下几点条款内容：第一点在于陈述事实部分，这个部分负责陈述学校的基本权利、运作情况以及合同签订者法定权力和外部的运行环境等大体框架；第二点为学校的具体运行状态，明确学校的存在状态以及治理方面的要求；第三点就是学校的运营情况，提出关键部分的运行状况以及学校的使命和发展理念。下面几点内容将不会详细叙述，分别为合同运行、人员管理、委托限期、授权人政策等。当然，这只是就美国特许学校签订的合同的基本内容而言，中国的集团化办学可以根据实际的外部情况做出适当的改变。

3. 遵循教育规律，采取多样化集团管理模式

集团化办学在扩张的过程中必然会出现文化冲突的情况，尤其是国内环境比较复杂的国家。如美国的集团常常因为自身内部结构过于复杂不得不考虑对于下面的学校进行重组和管理，同时新开设的学校还应该能够避免和原有学校发生冲突。基于此，笔者认为这种情况虽然存在，但并不是所有情况都需要这样的接管方式，所以美国很多特许学校在问责中都会提出多个方面以及多种层次的改进建议，最后对于需要重组的部分才接管。

集团因为需要不断扩张，所以在发展的过程中应用多元化的发展管理模式，从很多的成功经验中我们可以发现，那些成功的集团往往都具备自己的核心竞争力，无论是强大的资金输出还是人力输出，甚至是网络技术以及课程系统的研发等。任何一所学校的成功都不是能够轻易复制的，需要像化学反应一样不断进行组合，使内部的要素发挥自身的最大效益。另外，集团在办学的过程中，应该脱离集团的表象去研究教育问题的本质，关注每一名学生的内在个性化发展以及教师的未来发展前景、课程体系改进等多个方面的内容。

集团化办学的最大优势在于，能够通过优质资源的辐射效应来提高周围教育组织的实际竞争力，并且在长期的培养下固化这种发展的模式，学生的数量允许在这样的背景下进行上下浮动，同时也允许在集团内部流动。学校和学校之间能够实现学生的自由流动。为了实现这样的效果，笔者建议当前集团化

办学在发展的同时注重培养自己的内驱力，还应该防止外部干扰，进而不断提高自己的服务质量，由原本的单一发展模式向多元化发展规模演进，建立属于自身的核心竞争力，将学校的发展通性以及学生的个性有机结合。对于这个问题，我们国家的教育市场很显然需要再接再厉，改进自己的不足之处。

第三章

基础教育应用集团化
办学模式分析

第一节　集团化办学模式移植的可行性

随着改革开放的不断深入发展，集团化办学的教育模式被社会各界所认可和推广。当前这种办学模式一般还是出现在职业化教育体系中，主要原因在于职业化教学效果能够通过学生的就业水平直接体现出来，规模化办学和职业化教育进行挂钩能够在一定程度上提高我国的综合教育水平。我国人口基数比较大，能够给经济发展提供持续动力，但是目前我国教育行业存在的主要矛盾在于区域经济发展和教育水平不匹配。为了解决这样的问题，利用移植技术实现教育的均衡发展正在被逐渐引用。在一些实验区域名校加弱校、名校加民校的方式正在被不断复制和移植。以上这些方式之所以能够被应用于规模化的教育体系中，是因为在市场经济环境中我们的办学模式能够与市场进行较高效率的衔接和适应。

一、集团化办学模式的价值倾向

从组成结构方面来看，集团化办学能够打破传统教学模式单一发展的形式，将多所学校进行连接和互换实现资源的共同利用，实现集团的均衡发展，提高整体教学水平。在这个过程中，集团化最为显著的特点就是将资源进行整合利用，因此在实施的同时也就能够显示出一个集团的内在价值以及运作理念，当然部分理念也需要我们在不断的探索行动中去发现。

（一）学校间的差异是集团化办学的资源基础

一所学校能够在一个区域内长久存在并且运行是由当地的文化、历史、社会等多个方面的因素共同作用决定的，当然也和领导层面一直追寻的价值理念有关。所以任何一所名校在发展的时候都会表现出不同的阶段性特点，这些特点也是造成区域教育发展不平衡的主要原因。

一所学校的发展主要分为起步、拓展、持续等几个不同的阶段。一所学校如果在发展的过程中发现自身所掌握的教育资源无法满足自身的发展需求，通常会选择两种不同的发展道路：第一种为生成发展，即利用自己的内在力量进行资源的重组以及发展；第二种为合作式发展，即通过和周边学校进行适当的教学交流沟通活动，实现资源的共同利用。两条道路对于学校资源的探索和发展都具有很大帮助。第一种方式是比较保守的办法，一般而言，学校都会选择这种方式，因其只需要遵守自身的发展规律，可以适应不同的外界情况，具有很好的机制保证。第二种方式在应用的过程中可能会对学校内部的文化以及制度造成比较大的冲击，如果不能很好地适应，学校在短时间内很难实现良性的循环运作。所以相关学校在选择发展方式之前应该综合考虑自身的实际水平。教育集团一般都会在内部选择融合发展的方式，因为在集团内部不仅可以弥补部分弱校的不足，还能够拓展有限资源的可利用度。

（二）学生的全面发展是集团化办学的终极目标

义务教育集团和职业化教育集团的发展路线存在一定差异，前者注重一线学校的建设发展，后者注重集团内部的多元建设。因为全国各个地方的教育集团存在比较大的差异，因此要根据学校的实际水平、隶属性质以及区域文化特征将学校之间的资源进行重新组合和利用以提高教学效率，这只是集团办学一种比较简单的手段，但是能够重新优化学校的内部结构，提高办学水平，实现学生的全面发展。一个个体在成长阶段需要面临很多学习问题，不仅包含书本的理论知识，还有人生的意义拷问，作为学生成长发展的重要场地，学校应该为他们营造一个这样的学习环境。这是理论上的想法，因为各个学校限于资源、经济、制度等多方面因素的影响，无法为学生提供这样的理想环境，但是在集团化办学模式下能够很好地实现优势互补，为提供这样的环境打下良好的基础。

（三）共赢式发展是集团化办学的遵循原则

学校在并入集团之后，需要改变自身的运行方式，由原本单一的个体发展模式向多元化共同发展的方向改进。对于义务教育集团而言，因为学校和学校之间的目的都是提高学生的素质，所以在共同的目的下也就非常方便管理和沟通。正是因为学校之间存在比较多的关联性，所以义务教育办学模式的发展速度比较快。

　　集团内部综合实力比较弱的学校同样需要外部给予一定的发展力量和资源以实现自身的卓越成长，因此集团在给予力量推动进步的同时，需要遵循客观的进步规律。要注意以下几个问题：首先，集团办学需要先了解薄弱学校教学情况，再开展相应的帮助活动，只有认识到当前薄弱学校的实际情况，才能够对未来做出比较明确的发展预测。其次，集团化发展必然会存在强校帮助弱校的情况，目前社会存在的主要疑虑就是名校在帮助弱校的过程中是否会稀释自身的实力，所以有关学校在展开帮助活动的时候应该考虑这样的问题。但是从实际的效果来看，不少名校在开展教学帮助的过程中会在内部进行自省发展。科学高效的集团办学不是追求取多补少，而是用有限的资源去实现教育的均衡发展。

（四）社会责任的辐射性是集团化办学的发展动力

　　共赢发展是集团化办学的主要宗旨以及办学任务，当然也是旗下多所学校应该共同遵守的基本原则，但是因为应用的主体实力不同以及效果大小不一样，集团内部的发展效果也是不相同的。在相同的模式下部分学校可能如鱼得水，但是部分学校可能举步维艰。强势的学校在并入集团之后未必会适应这种模式的变化，而弱校在这种模式之下甚至会更加弱化。

　　从竞争的角度来看，如果一个集团下面存在几所实力相同、性质相近的学校，那么在发展的过程中这些学校将会产生不可避免的竞争情况，因为无法实现资源的交换，所以只能够在竞争中提高和彰显自身。为了避免这种情况对于集团的发展造成过多的不良影响，对于底部学校进行社会责任宣传活动是必不可少的。同时在众多学校中优质学校应该做好带头工作，为集团的发展贡献更多的力量，只有通过自身的实际行动，才能够将更多社会责任辐射到其他学校周围，吸引周围更多的学校向自己学习。

二、集团化办学模式的特点与义务教育现状的契合度

　　集团化办学在发展的阶段一般都会经历移植办学的过程，即将成功运行的职业化教育模式转换为集团化教育模式，但这只是理论上的教学改进，如果应用在实践教学中还是存在很多问题的。因为集团化办学模式在我国还是一种新兴的方式，所以我们还需要提高警惕。经过长期的磨合之后我们发现，当前集团化办学模式已经能够和社会主义市场经济完美适应，所以未来还是具有较大

潜力的。

（一）互补存在与资源短缺的路径契合

中国是一个地形情况多样并且人口比较密集的国家，难免在教育的均衡性方面存在问题，主要表现为东部地区教育水平较高，西部地区教育资源比较贫乏，南方地区教育资源先进，北方大部分地区教育水平落后，并且城乡之间的教育水平始终存在比较大的差距，制约着经济的发展。

在义务教育中，制约教育发展的主要因素就是学校内部的硬件配置。我国的教育不均衡问题当前只是一种表面现象，因为我国很多落后地区学校基本没有硬件设备，如果能够给予这些学校一定的硬件设备，这种不均衡性就能够得到有效的缓解。当前我国的教育资源是有限的，很多地区只能保证自身的教育质量稳定发展，而没有多余的精力帮助其他地区。但是集团化办学方式就将这种问题进行割裂解决，即在不同的地区内集团管理旗下的各个学校，对于基础比较薄弱的学校用自身的力量和资本进行有效管理。

（二）特色发展与质量提升的目标契合

随着人民生活水平的不断提高，当前城市居民对于义务教育的需求同样大大提高，人们普遍希望自己的孩子能够受到高质量、高水平的教育，所以提高义务教育阶段的教育平均水平是当前需要解决的问题。

同样不能够忽视的问题就是要求学校实现自身的全面发展，出发点固然很好，但是各个学校因为所处文化环境、社会情况以及经济条件不同，很难实现理论上的统一发展，在原本的优势基础上，在某一个方面实现卓越发展的可能性还是比较大的。义务教育从当前的发展情况来看，实现全面高质量的发展仍然需要实践，对于教育人员来说，只有掌握适当的改革方式，并且将发展过程中的目标进行分解处理，才能够最大限度地实现自身的目标。在市场经济环境下，因为企业经济结构的重新组织，所以要做好基础方面的筹划工作。首先应该全面注重儿童教育发展，在掌握了一定先机和优势之后才能在一定方面进行有希望的前景规划，同时在某一个方面所取得的成果同样能够给基础教育带来很多经济保证。

（三）能动参加与整体化发展的动力契合

我们国家的义务教育体系仍然是社会的教育基础体系，也是普及程度最为广泛的体系。在未来的发展中，义务教育必然会和现代化的社会进行完美融合，为了适应城乡一体化的发展，减小区域之间的发展差异，政府应该允许这些集团在发展的同时具备自身的特色。

集团化办学因为脱离了公立办学的性质，所以更加具有自主性和双向性，集团可以根据自身的发展目标进行规章制度的改进和结构的调整，当然脱离了政府的资金支持，如果在运转的过程中出现了各种意外情况，需要自己承担经济损失。尽管如此，对于集团内部而言，各个学校仍然需要遵循统一的发展目标以及办学制度。因为处于义务教育普及的环境之下，集团化的办学方针最终应该向义务教育整体化和持续化的方向靠拢，这样才能实现自身的规模化发展。

三、义务教育阶段集团化办学的保障策略

从当前国内几所成功的教育集团的办学经验来看，集团化办学向义务教育系统进行移植还是具有一定的理论依据和实现可能性的。为了促进这种实现的可能性，需要政府以及教育集团董事部门共同综合多个方面的因素建立健全一个综合保证的体系，充分发展集团化办学的优势。

（一）正向政策引导的舆论保障

因为之前集团化办学都是出现在高等院校的规模化发展中，所以将这种发展的方式直接移植到义务教育体系下难免引起社会的很多质疑。但是仔细思考就会发现，移植只是表面现象，因为教育集团的内部结构以及个体结构组成存在比较大的差异。有关教育集团在进行移植的同时更应该注意到细节问题。在之前已经成功办学的经验和理论基础之上，未来的基础教育集团必然会进行更加有效率的探索和发展，政府应该积极发挥主导作用，消除后来者的后顾之忧，在法律允许的范围之内积极鼓励他们探索新的发展模式，为我国教育水平的进一步提高贡献自己的力量。

（二）绝对和相对方式相结合的评价保障

义务教育体系下衡量一所学校的综合实力，通常都是以这所学校的绝对状态为参考的标准。但是这种评判的标准还是存在很大漏洞的，因为评估机构通常都是选择一个固定的时间段对学校的整体情况进行质量评价，而直接忽略了学校在不同阶段的发展特性。正确的评估方式应该是在承认不同学校、不同机制的情况下进行评估，但是这种方式只能够存在于理想的情况下，因为我们很

难具备这样的评估精力以及团队。所以，比较合理的做法就是为了鼓励集团参与到评估工作中分散公立评估集团的精力，可以将集团的未来发展和主体成长建立一定的关联性，使这种监管成为一项不可或缺的任务。

（三）合作与竞争共存的制度保障

集团化办学最大的缺陷以及问题就是教育集团在发展的过程中一旦进行规模化的拓展，旗下的学校非常可能会因为共同文化的影响以及引导出现同质化的后果，最终教师的发展轨道以及学生的培养方式出现千篇一律的情况。同质化情况不利于学校自身文化的传承和发展，学校在社会中的地位及价值不容易体现出来，所以要打破这样的局面，最好能够引入必要的竞争和淘汰机制，提高学校自身的发展活力。

（四）网络、远程等新技术的途径保障

当然，发展的道路上必然会存在很多问题，但是随着技术的不断推进，当前互联网技术能够有效解决教育资源不均衡的问题。因为义务教育阶段最大的问题就是难以解决教育资源分配不均，在知识云平台的传播方式下，教师的服务范围能够在全国普及，在政府的统一支持下，基础教育阶段硬件设备与软件设施都得到了很大的改进。目前我国大部分地区学校已经配备了标准化的配套设备。虽然文化软实力（如师资力量、文化氛围等）方面的因素不是一朝一夕可以完善的，但是在新技术的帮助之下，未来一定会实现理想的效果。

第二节　基础教育集团化办学的三大模式

　　基础教育集团化办学是对基础教育现行教育制度的教育模式的一种改革、优化和创新。这种教育办学模式最初出现于20世纪90年代，前期主要集中于民办教育领域。随着教育事业的发展，对教育质量提高和教育公平的社会要求不断增大以及政策对教育事业的导向性作用，集团化办学逐渐由民办教育领域扩展到公共教育事业中，促进了教育发展战略机制的创新。经过多年的发展，集团化办学也出现多样化的表现形式，如成都的"全域成都教育"、上海出现的"委托管理"以及学区集团化、北京市的"城乡学校一体化"等具有地区特点的集团化办学模式。在实践中整合各办学经验和梳理办学模式，将集团化办学模式以不同的主导性质和行动逻辑为标准进行划分，对进一步推进基础教育的优化发展、及时发现集团化办学中潜在的问题以及提升义务教育阶段的均衡发展具有重要的促进意义。

一、补差模式

　　补差模式指的是在行政权力的主导下寻找并指出集团化办学中的不足，并进行短板的补足，对因政策或者经济原因而出现的教育资源配置不均衡或者发展不平衡的差距进行相应的补充。这种模式现主要应用于集团化办学的初始阶段。

　　在一个流动的有活力的社会中，教育是社会进行流动的重要途径，而基础教育就是这个途径的起始点。社会中的基础教育资源在一定的时间内是有一定局限的，而教育资源分配布局导致更多的受教育者更加希望进入拥有良好资源的学校进行学习，这也是导致择校问题的本源。而集团化办学旨在满足人们对优秀教育资源的需求，保证社会教育均衡，促进社会的稳定与活跃，通过集团化使具有优秀教育资源的学校对资源欠缺的学校进行补差，缩小各学校之间的资源差距。这种补差行为主要通过两种方式实现：第一种是政府投入及逆行资源整合，借助优势资源学校或者地区对弱势资源学校或者地区进行资源补充；第二种是政府牵头，鼓励具有资源优势的学校或者地区进行资源扶持。近些年来，国务院以及教育部门出台一系列文件，将促进教育资源的均衡分配这一话题作为重点解决问题放在教育事业的重要位置。

21世纪伊始，各地教育部门就以本地的优势教育资源学校作为出发点，推进基础教育集团化办学的补差活动。集团化办学的总体框架是政府牵头，借助优势资源学校或者区域的教育品牌，对弱势资源学校或者区域进行改造和优化，最终形成一个学校共同体。例如，杭州市较早地对义务教育阶段的教育资源均衡配置模式进行探索，形成了"杭州模式"，截至2005年已经基本完整地形成了以杭州第二中学、学军中学、天长小学等名校为核心的教育集团共19个。而上海市在2007年开始推进"以委托管理推进郊区农村义务教育学校内涵发展"资源配置工作，调配资源优势学校或者地区的资源和教学人力进行农村地区的教育帮扶工作。成都市2003年开始进行城乡一体化教育资源试点工作，逐步形成"全域成都教育"的发展模式，强化了省级层面的资源统筹管理，进一步推动资源更加均衡地流动和分配。近年来，集团化办学模式已经成为推进义务教育更好、更均衡发展的重要措施。

在基础教育集团化办学的起步阶段，补差模式在一定程度上缓解了资源分配不均、区域化资源分配不公平的教育现状，使教育公平化产生了一定的变化。

在从"异形、异构、异质"向"同形、同构、同质"转变并最终完成教育特色优质的过程中，政府以及资源优势学校或者区域需要确保资源弱势学校或者区域对外显现的"形"的一体化，如基本层面的弱势学校的基本办学环境和教育设施的改善、完善或优化，组织教职工培训以及学生活动，提高教职工薪资待遇，等等。但是这种"以形补形"的资源救济方式存在诸多问题。首先，虽然"以形补形"的方式从外在上补足了由政治或者经济带来的资源不平衡的问题，但是这些措施是否能够真正起到优化教育资源、实现各学校共同发展的目标，更多地取决于弱势学校是否具备了自我改革的决心和氛围，是否形成了完整的改革措施。其次，对优势资源学校或者区域来说，这种补差模式在一定程度上削弱了自身的实力，影响自身的利益，而且在很多案例中表现出来的结果并不理想。最后，在学校教育能力提升的过程中，教育资源只是一个组成部分，补差模式是教学效果提高的必要条件，但不是充分条件。目前，从补差模式的实行结果来看，这种模式对基础教育阶段的均衡发展具有一定的局限性。

二、嫁接模式

嫁接模式指的是以教育权威为主导，以"优化结构"为工作行为主要逻辑，最终目的是通过学校的结构调整实现集团化办学的规模化方式，各学校共同承担教育改革的风险，以此来实现集团内部各个学校自身所需求的发展。这种模式主要存在于集团化办学的中级阶段。

在新社会运动理论中有一个论断：与传统社会相比，现代社会具有更强的社会流动性，每一个社会中的主体更加倾向于在一个正式或者非正式的组织中建立起与其他个体的联系并且形成一个新的身份认同。嫁接模式的形成即是在这种情况下各个学校进行自主选择产生的最终结果。经过补差阶段后，学校和地区的资源差距逐渐缩小，甚至改变资源弱势状态成为新的资源优势学校，原来中等资源的学校也由此逐渐落后成为资源弱势学校。教育资源的均衡发展已经不能单纯地以"削峰填谷"或者"造峰扬谷"的形式进行，而是需要有新的意义，即需要解决三个问题：如何实现教育资源优化由量变到质变？如何坚持否定之否定原则促进教育资源的优势互补？如何灵活地对教育资源配置的方式进行优化调整？在资源基本实现平等配置的前提下，以结构调整为主要形式促进资源的充分利用，最终实现集团内部各成员的个性发展成为集团化办学的新发展目标，由此也产生了嫁接模式。

嫁接模式主要表现为两种方式：第一种是以科研结构和各高校为中心，形成同心圆的形式，即让高校参与到其周边的基础教育中，大学教育资源支持附中或者附小的教育形式，是对大学—中小学合作教育模式的一种延伸；第二种是以基础教育资源优势学校为核心进行资源辐射，各学校间进行合作协议的签订或者形成集团形式的校区集中新建，资源弱势学校通过新建校区在校名、标识、设备、教师资源和教学设置等方面向资源优势学校进行嫁接。2015年，北京市的"新教育地图"概念，就是通过嫁接的模式尝试将教育资源进行重新整合和分配，促进教育的均衡发展。例如，西城区的教育资源整合后将教育集团扩展到17个，覆盖了全区65%以上义务教育阶段的学校，在集团内部实现办学理念、教学活动、校园文化和教学师资资源的共享。而在上海市，松江区从2010年开始建立起8个教学共同体，覆盖44所中小学，在"十三五"期间能够实现超过80%的集团化办学模式。

通过规模化及集团化的办学，嫁接模式取得了一定规模的经济效益，也提高了各成员的竞争优势，促进了教育管理的标准化和专业化朝着更高层级发展，同时也拓展了信息获取的来源，提高了信息的准确性和及时性，从而及时进行风险规避或者平摊，以此来降低办学的外部成本。在社会发展的需求下，嫁接模式应用于集团化办学，一方面有效地缓解了教育资源供求紧张、不平衡的现状；另一方面对优质学校或者教育集团的过于信任和依赖，使得不同利益需求和不同办学理念下的各学校之间出现了一定的分歧。首先，信息丰富在一定程度上弱化了自主思考，嫁接的学校准确把握自身需求，更高效地利用优质学校资源是发展的关键点，也是避免合作成为表面形式的关键。其次，优质学校与弱势学校之间存在的非平等地位导致弱势学校一味地服从，容易出现合作中的"霸权"现象。最后，合作中片面追求"共同愿景"和"和谐"，也很容易使各个学校出现同质化，反而不利于教育事业所需要的活力的保持。

三、共生模式

共生模式是以协同作用为推动力、以"自主组织"为办学活动的主导逻辑，各个学校以自身的个性管理为前提进行合作的共同关系，目标在于促进每一所学校、每一个区域、每一名学生的发展。这是集团化办学的最高阶段模式，也是最终追求的办学成果。

补差模式中的主导行政权力或者嫁接模式中的非对等合作中出现的"霸权"，其发展源于外部，会导致弱势学校或者地区出现"被客体化"的情况。而共生模式以协同作用作为内部驱动，强调学校自主自律的内在动力，也就是协同作用下的创造力。一方面，弱势学校在自主和自律的前提下将信任交予优质学校和优质区域，表现出对优质学校寄予期待；另一方面，处于权威地位的优质学校以对方接受能力和需求为条件，对弱势学校和弱势地区进行回应与扶持。协同作用对学校的整体改进和促进弱势学校与弱势地区的教育发展具有重要的意义，也使学校自身所具有的活力最大化。集团化办学追求的也就是在协同作用驱动下的共同生存与共同发展。

补差模式的"补短板"行为逻辑主导，更多的是追求基础教育中资源分配的均衡，即资源优势学校和地区的资源向资源弱势学校和地区倾斜，实现学校形式表现上的发展。这种模式集团化程度较为松散，更多的是将资源优势学校和地区作为一个"工具"进行单方面的资源投入。嫁接模式以"优化结构"为行为逻辑主导，出现了集中化和系统化的特点。集团内部合作的各成员成为一个共同体，追求与优质学校相同的教育模式、教育理念、教育资源等，单纯地进行模仿而放弃了自身所具有的个性，最终形成办学的同质化。而共生模式下的办学活动行为逻辑主导是"自主组织"，追求不同地区、不同学校和不同学生的个性化发展。这种模式是对嫁接模式的一种补充，主要表现在两个方面：第一，集团内部的各成员要以自身的自主和自律为合作前提，而不是单纯地进行复制粘贴；第二，共同体内部要追求共存，积极与共同体外部的其他组织进行正面竞争，在竞争中实现发展和进步。

补差模式的重点放在了资源的分配上，以政府的行政权力为主要行动方式进行教育投入，以此来保证教育公平和稳定。这种模式下，基础教育集团化办学被具体到各种资源。学校的发展虽然需要各种资源，也离不开资源的支持，但资源并不是学校教育进步的唯一影响因素，学校的发展离不开周围环境的相互作用。嫁接模式的重点放在了基础教育中各学校的结构化调整上，最终形成了学校共同体，除了学校内部的资源问题，还有学校办学各要素之间需要做到统一发展，保持发展步调一致，使资源优势学校和资源弱势学校都能够达到一定的发展水平。但是这也会导致学校发展的同质化和发展的限制性。而嫁接模式不断发展，繁殖共同体内部出现竞争而产生共同体的动荡，将嫁接模式进一步深化发展出共生模式，旨在将学校从同质的共同体中脱离出来，发现其他异质共同体中的优点，从而弥补封闭共同体发展下产生的发展弊端。引入异质共同体参与到集团竞争中，能够有效促进不同地区、不同学校和不同学生的个性化发展。

第三节　基础教育集团化办学成本与风险及化解

教育的公平性、学校之间的教育融合以及优质教育资源的扩大都会在集团化办学模式下得到加强，因而，它是一种更加符合人们优质教育需求的新的制度性安排。然而，这种办学模式也会因为某些客观原因而产生一定的成本和风险。例如，学校之间的观念及文化冲突、信息在学校之间的不对称分布、强制性制度在变迁过程中所导致的各方利益分配不均。基础教育的集团化办学改革在成本和风险控制方面可以利用委托代理理论和制度变迁理论进行更加清晰的管理，而且通过这些理论也可以更好地发现集团化办学改革中的问题，进而提高教育的公平性。

一、基础教育集团化办学现象分析

（一）基础教育集团化办学的产生背景

集团化办学可以使教育资源更加均衡地在校际之间发生作用，从而缩小不同学校之间的差距，择校过程中的矛盾也将在这一模式下得到极大的缓解，因此，各地都通过政策引导来推动这一办学模式。"集团化办学热"在"择校热"的促进下得到了发展。作为改革政策制定者的政府部门、作为改革政策实施者的学校以及作为改革政策受益者的学生及家长，通过相互影响促成了集团化办学条件的形成：①政府通过将小范围的学校联合在一起、优质学校帮扶薄弱学校等配置教育资源的手段来缓解择校矛盾、维持教育公平性以及满足人民群众对高水平教育的迫切需要，公立中小学之间的制度化合作模式也在这一过程中进一步形成；②师资力量雄厚的学校在这一过程中塑造了具有一定社会影响力的教育品牌；③过去的受教育需求是"能上学"，现在则转变为"上好学"，现有模式与实际教育需求之间的差距也进一步促成了集团化办学的形成。

（二）基础教育集团化办学的内涵和特征

基础教育集团化办学依托于一个区域内的少数优质学校，将该区域内的其他普通学校和这些优质学校进行一体化管理，在相同教育目标的指导下，将区域内所有学校的教育资源进行配置上的优化，并且将优质资源进行共享，这种办学模式在实现区域教育深度均衡发展的同时，也促使集团内的所有学校整体发展，这种教育理念源于职业教育领域，发展于基础教育领域。

杭州市在1999年率先开始探索基础教育集团化办学模式，并于2004年全面实施名校集团化办学模式，其目的是促进基础教育的均衡、优质发展。这种办学模式的主要特征为：①办学条件和水平比较薄弱的学校可以更快地获得优质教育资源的辐射和带动；②普通学校和名校之间的差距缩小，进而减少了择校矛盾；③不同学校之间的合作更加频繁和深入，学校可以借助集团内其他优势来弥补自身的不足，从而实现共同发展。

（三）基础教育集团化办学的类型和模式

1. 办学类型

根据教育集团的类型和层次，可将集团化办学划分为三种类型：①同层同质型，这种集团内的学校在类型和办学层次上基本一致。例如，成都市青羊区依托青羊实验中学、树德中学、石室中学建立了教育集团，并带领全区的初中实现共同发展，其所在区域内的薄弱学校以及新建立的学校都得到了提高。②异层异质型，这一集团内的学校在类型和办学层次上存在一定的差异与差距。由1所小学、2所初中、1所高中和1所围棋学校组成的上海市黄浦教育集团就是典型的异层异质型教育集团，其特点是优质教育资源在不同层级的学校间得到渗透和贯通，并促进集团内学校的一体化发展。③混合型，这类教育集团内部既包括学校，也包括非学校团体，甚至还涉及一些利益相关者。包含了民办教育机构、职业学校、幼儿园、小学、初中和高中的北京市丰台区方庄教育集团就是典型的混合型教育集团，其特征是在区域优质中学的引领下统筹各类教育资源，校际之间的联合比较松散。

2. 办学模式

基础教育集团化办学模式可以分为合作型、一体型和混合型三种，其划分依据是集团化办学的运行模式和管理方式。

合作型模式是指将名校作为集团内部的主体，并且通过其先进的办学理念、优质的管理体制及高水平的管理人员来帮助其他学校提高教学水平。集团内部的学校具有自主管理权，在师资、人事及财务管理等方面都具有独立性。例如，在杭州市安吉路教育集团的合作中，景成实验学校仅仅从安吉路实验学校获得优质的管理人员，其办学的独立性并不受到任何影响。

一体型模式是指集团内部的学校拥有共同的法人、相同的教育理念和管理制度，名校是集团的核心，执行校长负责各个分校的管理，其特征是同一所学校多个地址、集团内部统筹管理。例如，在北京，由5所小学和1所九年一贯制学校组成的史家教育集团就采用了一体型办学模式，其中史家小学是集团的核心，集团内部所有学校的人事、财务、后勤等均由教育集团的管理委员会统筹管理，集团的校长、书记和各个分校的执行校长共同构成集团的管理委员会。

混合型模式主要存在于不同性质间的校际合作和发展。一体型模式和合作型模式的特点在混合型模式中都有体现，可以说混合型模式就是二者的嵌套运用。例如，成都市成华区双林教育集团中的树德小学以及双林小学的南、北区拥有唯一法人，且实现了软硬件资源的共享，学校工作由各自的执行校长来管理。但是该集团内部的龙潭小学、双庆小学以及北新实验小学却采用独立办学的模式，仅仅在理念、管理以及品牌上保持一致而已，这就是典型的混合型办学模式。

二、基础教育集团化办学的成本与风险分析

集团化办学制度的设计者、决策者、实施者，制度的承担人以及最终受益人都是其教育制度改革中涉及的利益群体。当不同的利益群体在观念和利益等方面发生冲突时，就需要花费一定的成本来消除观念分歧和价值冲突，并最终构成新的组织。与此同时，作为一种强制性制度变迁的集团化办学，如果不能充分平衡区域间和学校间的差异，基层学校的需求以及群体内部产生的需求也没有得到充分的满足，并且一些利益集团不愿意看到现有利益的重新分配，集团化办学的风险就会上升。

（一）基础教育集团化办学的必然成本

1. 办学成本会随着组织规模的扩大而增加

教育集团的成立使得多所学校构成一个更大的组织，因而往往需要通过增设学校管理委员会、督导委员会等机构来提高管理水平，而此类机构的设立必然需要投入一定的人力、物力成本。另外，各个学校在管理方式、师资力量、教学理念以及生源水平上的差异也会导致集团内部需要增加一定的协调成本来促进其更加均衡地发展。同时在集团化办学过程中，学校的管理层和基层教学人员都需要通过一定的培训活动来及时掌握集团的办学理念、管理制度等内容，因而也需要花费一定的实施成本。例如，北京市的史家教育集团设有管理委员会和教育督导部门，其运转就需要花费一定的成本。

2. 多种类型并存的一体化管理模式增加了摩擦成本

集团内部各个学校的合作也存在不同利益主体的博弈。第一，公立的优质学校在集团化办学中需要为薄弱学校提供师资力量的补充、管理方法的指导、教育理念的传授，但其自身往往得不到相应的补偿，因而存在一定程度的教育资源损失。这种弊端导致优质学校会将最优秀的师资力量留在本校，而对普通学校仅仅提供教育及管理方面的咨询服务和一定程度的技术支持。由此可见，校际之间的合作需要花费一定的成本。第二，教师的交流也会造成成本的增加。优质学校的教师和管理人员担心自己交流到薄弱学校后会付出一定的成本，因而不愿意到薄弱学校任教，而优质教师的交流也会导致薄弱学校的教师产生危机感和抗拒心理，合作的难度会因此增加。第三，优质学校将一部分师资交流到薄弱学校必然会导致自身教学水平的削弱，因而会招致学生和家长反对。笔者调研了一部分教育集团，发现在改革的初始阶段，各个学校还是在惯性作用下继续使用以前的管理模式和教学方法，校际沟通和协调的深度及力度还远远不够，而这种旧方法的沿用导致新制度的效果难以达到要求，迟滞了集团化办学的进程。

3. 多重委托代理机构提升了交易成本

集团化办学模式中包含众多的委托代理机构，其发展路径从政府到学校自上而下贯彻执行，本区域的公民、地方政府、集团学校校长以及各个分校的执行校长都牵涉其中，从而形成可层层委托的代理模式。例如，当地政府和集团内部的委托人都会依靠集团校长来负责集团的教学管理工作。交易费用会在协调多层委托代理关系的过程中有所增加。这里的"交易费用"指的是制度的运行费用，也就是制度成本。集团化管理模式会使原本各自独立、平等的学校法人转变为总校校长管理各级分校校长的上下级管理关系，也就是说增加一个管理层级；总校的管理和分校的自我管理会形成双重管理，跨区域办学的分校还会在两个地方政府的约束下发展。目前，尽管很多开展集团化办学的教学团体通过以年级为单位的扁平化管理方式来减少管理的委托关系，但是由集团直接任命的年级组长和执行校长所起到的作用基本一样，委托代理关系实际上并没有减少；各个学校的独立校长最终变成了集团内的执行校长，集团总校校长权力大而分校校长权力小、责任大的不对等问题也增加了集团内部的交易成本。

（二）基础教育集团化办学的潜在风险

1. 学校发展同质化风险

集团内的其他学校在名校管理模式、教学理念等的影响下逐渐朝着同一方向发展，其原本的办学特色也逐渐丧失了。各个学校的校园文化会在名校的品牌意识、管理方式以及师资力量的冲击下发生较大的变化，名校会对其文化建设产生深刻的影响。为了保持教育集团的活力，保留各个学校的优势和特色，需要教育集团的管理层从全局出发制定科学合理的发展战略，避免因为战略定位不清晰而造成同质化发展现象。

2. 优质资源稀释风险

从建立教育集团的目的来看，一方面，这种模式可以通过集团化办学来扩大优质教育资源的规模并提高薄弱学校的教学水平；另一方面，这种模式的运用可以让更多的学生获得优质教育资源的帮助，从而避免了学生扎堆报考个别学校的问题，学生择校范围变大了。然而，这种办学模式需要名校将自己的优质教育资源分配给更多的薄弱学校，如名校的师资力量、软硬件设施等。如果资源输出过度就会在一定程度上削弱名校的教学力量和水平，而且长期的帮扶活动会对名校自身的教学管理造成较大的干扰，并最终导致其社会信誉的下降和教学质量的折损。

3. 新旧教育管理冲突风险

我国集团化教育机构一般区域集团化，同一个区域里既有公办学校，又有民办学校。就集团化发展的效果来看，当前比较流行的模式就是通过接管弱势学校的方式来解决扩张的问题。集团内部的教学督导部门不能对总校进行监督和管理，其权限基本上集中在基层学校的教学及管理部门和后勤保障部门；缺乏有效的激励和约束机制，导致各个分校的执行校长没有完全将总校的教育目标贯彻到工作中，非常容易在新旧制度、文化以及管理方面存在很大的差异，如果处理不好这些问题，将会造成更多的管理风险。

4.公众信任度下降风险

政治系统内部的某些因素会对其稳定和发展造成一定的冲击，可以将这一类因素视为政治风险。如果政府在进行改革的过程中发生扭曲，改革效果在这一过程中没有得到充分的体现，从而导致社会对政府产生信任危机，而这种危机发展到一定程度就可能变成社会风险。集团化办学主要是发挥其社会公共性，但是有些地区的教育主管部门在政策和制度的执行过程中存有一定的利己心理，他们为了维护既得利益而变通地执行上级部门的政策措施，从而导致教育的不公平。另外，偏离正确发展路径不仅会导致集团化办学的固有弊病难以得到有效解决，甚至还会滋生新的问题，办学特色丧失、办学自主权减少以及教师强制交流等都是典型的问题。如果不能解决好以上问题，就可能导致民众对政府的信任度下降，进而酿成社会问题。

三、基础教育集团化办学的成本最小化与风险化解

集团化办学势必会在一定程度上增加办学成本和风险，关键是要采取措施将其成本控制在最小限度，并尽可能消除风险。在开展基础教育的制度化办学时需要从观念、环境、文化、制度以及机制等多个方面统筹发展和协同变革，其成本和风险的控制也需要从以下几个方面来开展。

（一）强化集团化办学的成本与风险意识

作为一种制度变迁的集团化办学会造成新旧价值的冲突与融合，而意识在制度变迁过程中引领着其未来的发展方向。克服价值矛盾并形成一致的成本与风险意识是深入开展集团化办学的重要前提。从整体角度出发，树立成本和效益的辩证意识是制度变迁的主导者、规划者以及执行者开展相关工作的主要思路。集团的领导层应该在学校发展目标、管理制度、教育理念等方面达成一致意见，在相互信任的基础上对实施成本和交易费用进行规划与管理。集团内部的基层管理人员和教学人员应该以整个集团的发展为核心出发点，避免因为自私自利而产生摩擦的现象。此外，集团在管理过程中还应该建立风险管理制度

和文化，并且将风险管理和意识作为日常工作的基础内容之一，让每一个参与者都能认识到自身的风险管理责任和义务。政府的风险宣传和教育活动能够为集团化办学营造出良好的社会舆论环境，因而也是重要的风险控制措施。

（二）明确改革成本分担主体，完善成本补偿机制

其一，基础教育改革的倡导者和发起者始终都是政府，因而其在改革中分担了绝大部分成本。一方面，政府部门要在基础教育领域增加更多的资源投入；另一方面，通过建立科学合理的机制体制来分摊改革成本也是必要的举措。政府要采取措施对名校在推动集团化办学中的损失进行补偿，可以设立专项资金予以支持，也可以要求薄弱学校和新学校对名校的帮助进行一定的经费补偿。其二，集团内部的学校应该根据各自在改革中承担的职责来分担一部分改革成本，教育集团内部的管理委员会应该对此项工作进行统筹安排并对各个学校的执行结果进行监督。其三，通过设定激励机制鼓励社会各界以投资或者捐款的形式来支持集团化办学改革也是有效的措施。

（三）通过配套制度合理管控成本与风险

改革的成本和潜在的风险都可以通过制度规范的完善与外部保障机制的形成来得到有效的控制。原有的利益格局对改革的进行造成了较大的阻碍，利用政策工具对其进行调节是促进改革顺利开展的制度性保障措施。其一，政府应该设立专门机构，并在资金支持、教师动态编制等方面给予改革一定的政策优惠；集团内部的教师在薪资待遇方面要做到标准一致，并且通过考核对薪资标准的执行情况进行监督；建立奖励制度并对教育集团和个人开展评优奖励活动。其二，通过一定的约束机制来消除"搭便车"的不良现象，充分发挥集团管理委员会的职责，并对集团校长和执行校长的权力与责任进行科学的划分，集团内部在决策、执行以及监督等环节要做到一体化，从而杜绝机会主义的不良行为；集团内部的个人和学校应该树立集团意识，实现身份的正确转变；政府在集团化办学改革中应该对其办学进行监督，一旦发生偏差要及时纠正；通过第三方评估等评分管理机制对集团化办学效果进行定期评估，并且将结果向社会公布，以便全社会对其进行监督。其三，建立风险评估机制。在相关专家的论证和指导下建立风险评估指标体系，并形成稳定的风险评估和预警机制，从而有效地避免改革失误造成的经济、文化以及政治风险。

（四）建立合作文化，降低成本与风险

集团化办学改革的顺利开展和前行需要各方通力合作，通过一致的认识、良好的文化环境来发挥整体的优势和力量，政策制定者、实施者和受益者都应该参与其中。首先，政策制定者要遵循基础教育的规律以及参考各方的改革意见，并且在公平、公正、公开的理念指导下完成改革。其次，集团内部要通过协作、配合、融通等方式打造出协同发展、合作共赢的文化氛围。在加强共享优质教育资源的同时还要注重个体的贡献，在突出共同发展的同时还要提倡学校及个人的特色发展，集团学校的共同发展模式要建立在各个学校的分布式管理和深度融合上。最后，集团化办学导致一部分在原有模式下成为既得利益者的人遭受一定的损失，但是这种突破原有封闭办学模式的教学改革可以让更多的学生获益，因而需要旧模式下既得利益者的理解。

当前，集团化办学已经形成了非常可观的改革风气，教育改革也将其作为一个非常重要的方向加以推进，教育改革的决策者要沉着冷静地面对这一客观现象，并且从教育的公平性、教育效果的提高等多个方面对其进行评估和论证，反思集团化办学中遇到的各种问题，实事求是地分析其合理性和科学性，避免盲目扩张办学规模。

第四章

基础教育集团化办学
发展路径分析

第一节　集团化办学模式下的学校发展规划

一、集团化办学模式下学校发展规划的认识

（一）集团化办学模式下学校发展概念阐述

1. 学校发展规划

要想深入了解这一办学模式的规模规划是怎样的，就必须要对其框架进行深入探究。对这一大方面进行全面探究时，可以分步进行。首先要分析框架的核心理念是什么。从发展历史我们可以知道，对学校发展规划这一理论规范的统一认识还存在着一定的困难。"自我改进的学校系统"这一概念的最早提出者是加拿大学者大卫·哈格里夫斯，在他的著作中，这一理念就很好地被彰显出来。他认为，这个理论认识体现在学校采取的规范化设计过程中。我们对其认识时必须做到从多角度、多层面思考，要认识到它是一种积极的、有创新性的概念规范。还有一些学者提出了不同侧重点的意见。例如，有些学者认为学校发展规划的重点并不是放在设计规范的过程中，而是在保证国家和地方教育指导的标准下，如何对这些活动进行合理的设计和布置，以保证学校的发展措施能够得到有效执行。但无论这两种角度的侧重点放在哪里，它们的最终目标都指向了教育质量的提高。随着这一发展理念的效果渐显，国内学者对其关注度也越来越高，并且强调要加大探索力度。其中陈建华教授认为，学校发展规划这一理念的内容非常值得探究。它主要是通过在学校层面实现上下联合的方式，对学校未来进行发展规划以获得一个清晰合理的认识。除此之外，一些学者在其他著作中也提出了相同意见。他们认为学校发展规划的目光应该放长远，不能拘泥于当前的短浅小利，要更注重学校未来的发展道路。想要做到这一点，必须对学校的文化背景进行深入分析并对未来的发展前景进行预估，这

样才能够使学生的教育质量和教育效率得到强有力的保障。总体来说，无论是哪国的学者，他们基本上都不把学校发展规划当作一个单一的方案来看，更注重这一理念所包含的动态探索价值。如果想要贯彻好学校的发展规划概念，往往要进行长达3～5年的合理规划，并且要合理地结合自身发展情况和实际要求。

2. 集团化办学

集团化办学的重点就放在了"集团"这一名词上，顾名思义，集团化办学是以团体形式进行的模式。在对集团化办学模式进行探究时，有一个名词需要着重注意，即"教育集团"。普通的集团通常是指各单独个体为了达成统一目标而组合起来形成的一个有组织、有规划的集体。"集团"加上了"教育"这个前缀，它行动的目的就有了一定的局限性，主要是为了促进学校资源的合理配置和资源整合。通常的工作形式是以各方面都非常优秀的优质学校为核心，与其他弱势校之间形成紧密联系，这样若干学校就组成了一个教育共同体。"集团化"这一名词概念首先出现在经济学领域，教育学是从经济学领域借鉴过来的，并将这一名词进行合理运用。在教育领域，"集团化"有了更为独特的含义。若干个分散的个体组合起来，在统一的指导下组成一个有一定秩序的整体，这样就能将分散的力量聚集起来，形成一股更大的力量，目的是将一加一大于二的原理作用发挥出来。在教育产业结构不断调整和优化的趋势下，集团化办学模式也越来越受到社会的关注和青睐，这主要是因为它所带来的办学效果是较为显著的。并且，对于整个教育行业来说，这种模式能够凭借以优带劣的形式逐步均衡这一地区内的教育资源和教育质量，从而使学生获得更好的教育服务。

（二）集团化办学模式下学校发展规划的基本特征

1. 发展性

想要做好学校发展规划，必须预留出3～5年的充分时间才能够做好调查和研究。因此做好学校发展规划要深刻认知到它发展性的特点，这样才能够有足够的耐心和精力进行这一发展规划的设计。

2. 参与性

学校发展规划是一种多方合作的模式，它不是个体单干的工作形式，只有每个人都投入工作规划当中，才能够最大限度地将力量聚集起来，才能对学校未来的发展前景做出最精确的预估。

3. 持续性

持续性是学校发展规划中必须非常明确的一点。因为学校发展规划的制定是一项反复循环的过程，这就意味着制定出规划之后，实施监督和评价反馈会不断地对规划进行调整与修正，会再次进行实施监督和评价反馈，反复操作使之达到最标准的模式。

4. 操作性

学校发展规划的最终目标就是保证学校的稳步发展，所以在进行规划的制定时必须确保规划的相关要求是可操作、易操作的，这样才能够在现实情况中将效果发挥到最佳状态。

（三）集团化办学模式的学校发展规划步骤

分析其特点之后，就要根据特点进行指向分析，据其特点学校发展规划可以分为对应的四大步。

第一步，认清本校的实际发展情况和实际需求是制定学校发展规划的重中之重。只有真正认识到实际发展情况和实际需求，才能够制定出最合适、最有利于自身教育集团发展的规划。这一科学合理的规划指导能够有效地将学校的长处发挥出来，并合理遏制学校的短处，在此基础之上能够进一步均衡学校的综合能力。

第二步，对于发展项目的明确。每一所学校都有其不同的发展要求和发展方向，在进行规划制定时不能不清楚自己的发展目标。

第三步，要落实好各部门的职责。因为制定学校发展规划是一项规模较大、任务繁重的工作，在进行具体的内容划分时，需要注意的方面非常多，这就需要各部门协调发展。如果各部门之间的任务不清晰，很容易造成混乱的局面，必然会降低工作效率，最终的发展规划质量也得不到保证。因此落实好各部门的行动计划是保证发展规划最终实现的重要担保，并且在对各部门的行动计划进行落实时，要根据部门的工作方向和工作特性进行合理划分，而不能一概而论、随意分配。

第四步，要落实好施工后的监督评价反馈体系。上文已经提到过，学校发展规划的制定并不是一蹴而就的，而是一项循环反复的过程，只有在不断的监督评价反馈中，才能够更好地、及时地将规划中存在的不合理之处更改过来，这对于学校的可持续发展来说是一项非常有益的措施。

二、集团化办学模式下的学校发展规划的实践

（一）规划的制定

首先我们要明确集团化办学模式对于学校发展规划提出的新要求。

在经济发展和科技进步的双重保障下，人们对于物质与精神方面的需求越来越重视，其中着重体现在教育领域的是人们对实现教育公平的进一步追求。每一位家长都想让自己的孩子享受优质的教育，这也促进了家长对于实现教育公平的渴望。基于这一需求，国内教育始终朝着优质教育平民化的方向发展。我国目前的教学模式是九年义务教育，并且教育发展纲要中明确提出了如何促进教育方式进一步转变、教育结构进一步优化的各项若干指示。要进一步保障义务教育的均衡发展和教育资源、教育设备的均衡配置，集团化办学模式中以优质带动弱势的方式正是顺应这一需求的表现，这种模式能够让更多的普通学生享受到更优质的学校教育。由于集团化办学模式传入国内的时间较短，因此我国的集团化办学经验并不丰富，且组建的模式也各有差异。但无论是何种模式，它们的最终目标仍然是使学生享受到优质教育。在优质学校的带动下，一些薄弱学校能够在短时间内获得快速发展，达到满足百姓需求的标准。在教育不均衡的情况下，社会往往会出现择校热现象，集团化办学模式能够很好地缓解这一不良现象。但是集团化办学与一般的学校模式有诸多差别之处，主要是因为其基本组成结构不同，因此形成了特殊的发展模式。下面就针对集团化办学中学校发展规划的制定、实施监督和评价反馈这一系列环节所提出的新要求进行完备且细致的归纳总结。从多个方面来说，实现民主管理所具备的优势是其他管理形式永远不能比拟的。除了利益之外，还要格外注重教师对于规划的认同程度。教师是学校教育的主力军，他们的态度行为与学校的教育质量、教学效率直接挂钩，且教师的认同程度与发展规划之间也有着密切的关系曲线。一般来说，认同程度越高，发展规划的制定和实施也就越顺利。想要提高教师对发展规划的认同度就需要建立一个多方交流机制，努力征求教师的意见，在此基础上尽量满足教师的需求，认同程度也会随之提高。

（1）注重整体性。教育集团的发展规划不仅要着重注意其整体性，还要对其突出的个性进行合理兼顾。在我国教育结构不断进行改革和优化的进程中，

教育集团的逐渐出现使得学校的任务和使命也发生了较为显著的变化。集团化办学模式下，学校的发展要求出现了很大的改变，着重体现在对教学质量的高度重视和学校发展的可持续上，这也是教育集团发展规划需要关注的核心工作。这里值得注意的是，集团化办学并不是从一般学校复制而来的简单模式，其是对客观现实环境进行充分详细的了解之后才形成的。这里的客观现实包含两个方面：一是教育行业环境，二是成员学校的真实情况。目前国家对教育行业的关注度不断上升，成员学校之间的竞争力度也在不断加大。如何保证学校的竞争力和优势是教育集团目前发展所要注意的问题，保证教育集团发展规划的个性就能够突出学校的特色。

（2）兼顾个性。教育集团的进步绝不是其中单个学校的进步，因此对教育集团进行评价时所涵盖的是这个集团整体，也就意味着所有的成员学校都能囊括其中。评价机制不仅要注重最终结果，还要将目光放在其努力发展的过程中，保证过程与结果并重。最终的评价结果出来之后有利于全体教职工和管理者进行经验的总结及问题方法的寻找，这些宝贵的经验教训为日后的教育集团发展规划提供了可参考的宝贵资料。教育集团的发展规划所涵盖的制定、实施和监督评价阶段在整个运作流程中起到的作用是非常巨大的。在集团化办学模式下，这一流程需要不断循环运作，并且监督工作独立于这三大阶段之外，这样才能更好地将监督的意义发挥出来。综上来说，这三大阶段的关注度缺一不可，只有均衡发展才能确保教育集团发展的连续性不会被打断，才能保证教育集团始终以旺盛的生命力蓬勃发展。

一个教育集团所含的教育资源是非常庞大的，对这些教育资源进行分配是一项有难度且非常重要的工作。在进行教育资源的整合与分配时，不能够被传统的优质和弱势学校标准禁锢思维，而要从教育集团本身发展的实际需求来看，认真分析各成员学校的办学实际需求有哪些，将这些学校最需要的教育资源分配下去。教育资源的优劣在一定程度上直接决定了成员学校的最终教育成果，但并不意味着拥有越多的教育资源，教学效果就越好。与数量相比，选择适合学校办学需求的教育资源才是更重要的。贯彻这一方针的指导要求有利于教育集团整体的均衡发展和各成员学校之间差距的逐渐缩小。

与一般的学校教育相比，教育集团发展规划的侧重点更要放在其特殊成分上，如教育资源的辐射会带动整个教育集团的内部组成学校。成员学校的教育质量和教育水平是存在差异的，对成员学校的教学资源配置进行合理平衡，需要在考察的基础上进一步优化。要根据学校教育发展的特点和教育的现状需求有指向地合理进行资源配置。这样做的目的就是将资源的价值最大限度地发挥出来，并实现教育的均衡性。优质学校带动薄弱学校的模式不仅能够促进薄弱学校教学质量的提升，更有利于教育集团内部成员学校之间的均衡发展。一旦遇上问题，就能够将成员学校的力量聚集起来形成一个凝聚力强大的集体。最后一点就是教育集团的发展规划要始终覆盖全部成员学校。在这一点上时常出现的问题就是教育集团把精力和财力集中投入某几个优质学校上，而忽略了对薄弱学校的资源配置。这种做法十分容易导致成员学校的管理水平差距进一步拉大。要均衡提升成员学校的管理水平，合理地管理组织体系，需要有合理的统筹规划。首先要建立相应体系，需要对成员学校的各种现状进行勘察并进行相关资源的分配。在科学合理的管理体系的领导下，教育集团的资金分配有了强有力的保障。除了管理体系需要进一步建设完善以外，各项制度也要建立起来，包括教师的考核制度、用人制度、升学制度等多个方面。教师和学生是教育集团中两大核心组成部分，做好教师和学生的管理是整个教育集团工作的重中之重。要学会合理地利用师资力量，努力提高学校的教师队伍素质，这样才能保障学生所受教育的质量水平。

要做到个性兼顾和特色突出，需要从以下几个方面着手。我们要明确教育集团发展规划的独特性，它不是一种简单的复制粘贴，并不是只借鉴了优质学校的模式。在经济社会等各方面客观原因的限制下，我国教育发展的现状并不均衡。一般规律为大城市的教育质量和教育水平往往高于小城市，而城镇的教育质量和教育水平又高于农村，这都是教育发展不均衡所导致的直接结果。但是教育集团组建的目标是在一定程度上缓解教育发展不均衡的问题。它主要是希望借助优质学校的品牌和连锁效应，逐步实现教育集团的整体发展。但是需要注意，优质学校与薄弱学校之间的差距所涵盖的方面是非常多的，不仅学校的文化背景和历史不同，连最基本的办学条件、教学设备配置、师资人员和生源都是有较大差距的。因此在制定教育集团发展规划时，不能够忽视这些差距所带来的负面影响。一所优质学校的诞生绝不是一时促成的，必须经过几十年甚至上百年的历史积淀才能形成。一所优质学校不是个人独有的，它是整个社会的财富。优质学校各方面的资源力量都很突出，无论是在教育理念上还是在教育技术水平上，优质学校都处于领军地位。一所优质学校的存在对整个教育集团内其他学校所起到的积极影响是非常显著的。但是成员学校在借鉴时不能全盘照搬，要考虑到优质学校与薄弱学校之间的差距，不将目光短浅地放在缩小差距上。受种种客观条件的限制，就算学校之间在表面上做到了设备相同，也有相当大的可能性达不到优质学校所产生的教学成果，并且还会丧失成员学校本身的特色。在缩小差距的过程中，切忌急功近利的心态，优质学校的形成需要很长时间的积淀，薄弱学校在提升的过程中要充分认识到这一点，心平气和地落实每项措施，逐步缩小差距，不能为了获得立竿见影的效果而生搬硬套、揠苗助长。否则很有可能得不到进步，甚至会出现后退。制定教育集团发展规划时，必须明确的就是尊重教育自身的发展规律，从实际出发，杜绝各种不良心态的负面影响，以实现教育集团的可持续发展为主要目标。

在注重个性发展的同时，还要确保能够实现多元并存、多元发展的办学模式。一位著名的教育学家说过，任何一个系统都不能靠独立的个体而存在，它的成长需要与各种相联系的事物建立关系，建立关系的对象要保证与其不同、不相似，这一理论也能够完美地说明当代教育为何要提倡学校的个性化发展和多元化发展。从这一方面来说，教育集团在制定其发展规划时，集团内成员学校之间的差异必须得到关注，每一个成员学校都有其独特的办学特色和办学方向。要根据这些学校的基本情况做出有针对性的调整，目的是保留学校的独特性。这样从整体来看，整个集团就能够实现多元化发展，想要将这条正确道路进行到底，需要付出一系列刻苦努力。第一步，教育集团的发展规划要将优质学校的作用发挥出来。优质学校能够给其他薄弱学校所起到的最直接作用就是榜样示范。建立合理科学的帮扶机制来使优质学校帮助薄弱学校，这样就能逐步缩小优质学校和薄弱学校之间的差距。这里值得注意的是，如果想将优质学校的榜样示范作用一直延续下去，就绝不能削弱优质学校的资源。帮扶薄弱学校固然重要，但是不能一味地追求均衡而将优质学校的资源削弱，这是非常愚蠢的行为。最正确的做法就是在保证优质学校资源不受损害的大前提下发挥其榜样示范作用，逐步带动薄弱学校的发展。第二步，在制定发展规划时也要格外注意薄弱学校本身的内因驱动力。薄弱学校的整体实力虽然不强，但是它有自己独特的办学特色和办学方向。要充分尊重薄弱学校的特色并进行合理有效的开发，这样，薄弱学校的办学积极性会得到很大的提升。在学习优质学校时，要有选择地进行资源选择，目的是符合其发展思路，帮助学校发展找到突破口。第三步，在制定发展规划时要将办学特色这一点着重体现出来，要对各成员学校的办学优势和办学特色进行充分挖掘分析，这样就能避免整个教育集团内成员学校办学模式雷同的现象。现代社会强调多元化发展，因此发展规划也要符合这一社会潮流，将不同学校的个性资源充分发挥出来。每一个成员学校都有其独特的价值观念，无论是在思维方式上还是在精神态度上，都要主动积极地给予鼓励，有技巧地利用这些特色，并将其潜在作用发挥出来。

（3）处理好个体与整体之间的关系。在了解教育集团发展规划制定时所要兼顾的整体性和个体性之后，还要处理好两者间的关系。我们必须认识到学校发展规划中整体性与独立性是不可分割的两个部分，不能把它们当作单一的成分来看，而是要处理好两者之间的关系，这样才能更有利于集团整体发展。可以这样说，独立性起到的主要作用是扩大成员学校的自主选择权，利于它们的个性发展，使其办学特色突出。在此基础上与其他成员学校之间实现文化的交流对接，最终达到一种互利共赢的局面，这样才能保证教育集团的可持续发展不被打断。可持续发展中的重要内容就是保证整体性与独立性的和谐统一，既要着眼于未来的发展目标，又不能脱离实际情况，最大限度地满足学生和家长的教育需求，最大限度地将教育集团整体与个体相结合的理想效果发挥出来。

（二）规划的实施

从理论阶段来说，学校发展规划的制定是一项前期准备工作，而学校发展规划在实践中实施出来才最能体现发展规划的效果。学校发展规划本身是一项文本方案，但它的作用不能局限于文本，而要在实践中体现出它的执行力和效果。可以这样说，学校发展规划的制定是保证学校发展规划良好落实的前提，而学校发展规划的最终效果是由规划的实现程度决定的。因此在了解到这个关系之后，我们要大力落实学校发展规划，这样才能使教育集团的发展规划得到稳固保障。落实发展规划实践一般有以下几个步骤：首先，各成员学校力量的整合是保证教育集团发展规划实施的必要条件。集团化办学与一般学校办学较为明显的区别之一就是教育集团所包含的教育资源是非常多的。因为一个教育集团至少包含两所以上学校，成员学校的发展在很大程度上是由集团的发展来决定的，因此为了达到教育集团的发展目标，各成员学校必须学会将自己的力量聚集起来，实现一加一大于二的理想效果，这对于促进学校发展进步来说具有非同小可的意义。但是在进行力量整合时也不能一概而论，而要根据实际情况和实际需要选择成员学校的参与，但在过程中也要甄别成员学校所发挥的作用力度。其次，要将眼光缩小到更小的载体上，那就是全体教职工。前面已经提到过，从根本来说，全体教职工是保障教育集团教学质量的基础，发展规划中所制定的项目和目标的完成最终还是要依靠全体教职工。在这一特定的前提下，将全体教职工的力量最大限度地发挥出来所带来的积极意义是重大的。教职工力量的发挥主要是通过提高教职工的热情和素质这两个方面来实现，在发展规划实施的过程中，对管理者和教职工两者之间的关系必须协调恰当。管理者是为教职工提供科学导向的，而教职工是将这些指令落实到实践中的，这两者之间的信息沟通、和谐关系是十分利于发展规划实施的，能够有效解决规划实践中遇到的诸多问题。最后，需要注意的就是教育集团实施的管理形式。为了更好地调动教师在集团管理中的积极性，更好地收集意见和凝聚人心，在教育集团内实行民主管理是最受青睐的方式。民主管理能够使教师有一种当家做主的感觉，他们的热情就会被更好地调动起来，进而为实施教育集团的发展规划贡献自己的力量。

（三）规划的监督和评价

学校发展规划的最后一步是实施完毕之后的一系列反馈机制，主要包括两大成分，即监督和评价。一般情况下，教育集团往往更重视发展规划阶段的前两个部分，而对最后的反馈阶段重视程度不够。但是这部分所起到的作用也是不容小觑的，对整个学校发展规划的调整和改进有非常积极的意义。它能够在反复的监督和评价过程中，将发展规划存在的问题逐一反馈，为后续发展规划的落实提供极大的保障。这一机制发挥的作用还与教育集团本身的组成结构有关，教育集团是由多个成员学校组成的，它们之间的关系结构较为一般，从团体来说是较为松散的，在落实发展规划时难以达到可观的执行力度。在监督评价这一机制的保障下，这方面的困难就更容易被克服。

从监督方面来看，教育集团的根本目的是促进教育均衡，为了实现这一要求，对其内部各成员学校进行监督是一项必不可少的工作。监督工作的进行要有监督机构来提供这项服务，监督机构要独立于其他机构之外，要具有较为明确的监督权，不受其他机构的制约，这样才能将监督的职能更好地发挥出来。需要注意的是，监督机构的构成人员一定要选择那些参与规划制定的，这样才能保证对发展规划有一定的了解，而不是在毫无知识储备的情况下对其进行监督，否则监督效果会非常不理想。除此之外，参与规划制定的相关人员要能够灵敏地感受到规划中存在的问题。接下来是监督对象的范围。要根据各成员学校的特点来考察其发展规划的实施程度，不能一概而论，要做到从实际出发，有选择性地进行考察标准的调整。从小范围来看，考察的对象包括教师团体，要对教师的教学能力和质量进行定期考核，并制定严格明确的奖惩制度和考核制度，这样才能保证教职工的基本素养不会停滞不前。在监督过程中记录下来的考核数据都要统一收进数据库，为日后的查检工作做铺垫。可以这样说，监督工作落实得越详细、越到位，发展规划的实施力度就越可观，并且所带来的效果也就越理想。从这方面来说，教育集团的规范运行离不开监督工作的落实到位。

从评价方面来看，必须认识到监督和评价是一个逐步进行的过程，评价是建立在监督基础之上的。评价主要是对学校发展规划实施的整体效果进行评估。评估结果能够反映出实施状况、执行效果以及成员学校和学校内部的教师、学生的变化所在。从其重要性方面来看，将评价机制落实到集团的发展规划构成中具有多角度的积极意义，包括对规划实施效果的准确把握。实施过程中的问题及解决方法都可以作为宝贵经验总结下来，这些资料都能作为日后集团发展的科学支撑，并且评价结果能给人带来一定的启发和思考，激励人们对问题的解决进行反思，教育集团的教育水平和教育质量也就自然随之上升。很重要的一点是，在集体化办学的过程中，只有坚持发展性和服务性的原则，才能更好地落实评价机制，才能将评价机制的真实效果完完全全地发挥出来。值得一提的是，评价方式也要跟随时代的脚步和办学模式的转变而转变，在目前的社会要求下，集团化办学模式逐步朝着多元化方向发展，传统的教学评价模式显然是不适应这种办学模式的。因此要随之建立相应的多元评价机制才能确保评价结果的准确科学。更为细致的划分评价标准包括成员学校的教学活动开展是否合理，合规教学质量是否达到标准的要求，是否保证成员学校与整个教育集团的整体协调发展。从细节来说，对教师这一个体进行评价时，评价模式要根据教师的教学特点和教学方式进行灵活调整。我们要知道进行评价的最终目的还是将评价的导向功能发挥出来，促进各方面进一步发展。有效的评价机制能够进一步提升教师的教学水平，激发教职工的工作积极性。

三、集团化办学整体发展规划的思考

（一）集团化办学整体发展规划的意义

1. 成员关系的协调

在对学校发展规划的存在意义进行分析时，一定不能局限在它的存在形式上。从本质上来说，学校发展规划虽然是一个文本方案，但是它的重点还是体现在整个发展规划所实施的效果上。发展规划的制定水平与最终的学校前景发展直接挂钩，因此做好学校发展规划是提高集体化办学水平、促进集体化办学发展的积极措施。在经济和科学技术的双重保障下，教育市场竞争的激烈程度也在日益上升。要在竞争激烈的市场中保证教育集团有一席之地，借助学校发展规划是一项明智的举措。从小的方面来看，学校发展规划能够促进各成员学校的发展；从大的方面来看，整个教育集团的办学水平和办学质量也会因成员学校质量的提升而提升。我们在分析学校发展规划对集团化办学产生的积极意义时要杜绝一概而论，有选择性地从多角度进行分析。从成员学校之间的关系这一点上，我们可以非常明显地看到学校发展规划在协调成员学校方面起到的推动作用。在经济快速发展的有利条件下，我国的教育行业也在不断进步着，但是在进步的同时出现了不均衡的不良现象，且这一不均衡的状况在教育集团中更为明显。由于教育集团所含的成员学校较多，且学校之间必然存在差距，如何在这种差距下协调好各成员学校之间的关系是一个难题，也是必须要解决的问题。学校发展规划能够在保证科学合理的基础上，根据现实情况认清各成员学校发展的状态和需求，能够认识到优质学校对其他薄弱学校所起到的巨大推动作用和榜样示范作用。从社会角度来说，教育资源的最优化能够在一定范围内向社会提供更优质的教育服务，教育不均衡的问题就会得到良好解决。协调好各成员学校之间的关系还要从教职工方面入手，各成员学校的教师是其重要组成部分，针对教师所实施的一系列机制和制度都是保证学校发展规划良好实施的重要力量。保证教师机制的科学性和合理性十分有利于教师团队关系的建立和教师团队力量的凝聚。在这种团结一致的氛围下所进行的教育必然是高效的。

2. 教育资源的整合

综合来讲，在教育集团这种集团化办学模式下实施教育发展规划，无论是对于各成员学校还是对于整个教育集团，都是十分有益的；无论是在教学资源的分配和整合上还是在成员关系的协调上，都起到了非常显著的积极作用。我们在了解了教育集团发展规划所具有的重大作用后，要在充分认识的基础上学会最大限度地利用它，稳步提高教育集团的办学质量，并在保障优质学校办学质量的前提下，帮助寻找这些优质学校的突破性发展方向，进一步将优质学校的榜样效应发挥出来，将教育均衡的群体优势显现出来。

3. 文化建设的创新

学校发展规划对整个教育集团的积极影响还着重体现在文化这一大方面。多名调研人员经过实地调查发现，一所被人们广泛认可的优质学校往往具备五大条件：一是教师方面。一所学校的师资力量能够直接体现出这所学校的教育水平。教师是传道授业解惑者，是知识的传播者，一般规律是教师的业务素质越强，所达到的教育水平就越可观。很多人认为教师的业务素质是影响学校教育质量最核心的因素。二是学校的物质环境。窗明几净的环境更能促进学生的学习。科学家的多次实验直接证明，物质环境与学习效果是直接挂钩的。三是先进的教学设备。目前科学技术飞速发展，各种网络技术、多媒体技术在教育行业中的应用越来越频繁，各种新型教学手段的应用能够进一步帮助学生更好地接受教育。四是学校的管理模式。学校管理模式的制定首先要做到从学校本身实际出发。有些学校常常全盘照搬优质学校的管理模式，但将模式生搬硬套下来所带来的效果并不理想，究其原因还是生搬硬套来的管理模式并不适应本学校的实际发展需求。只有认真分析本学校的真实境地，再有针对性地制定出适合本校的管理模式才能发挥其理想效果。五是学校的学风和校风。每一所学校都非常强调它的校风、校训，这是因为物质文化可以在一定程度上转换为精神力量。良好的校风和学风无疑是有利于学生学习的，它可以作为学校发展的强大精神内驱力。除此之外，教育集团的发展规划在文化层面要确保各成员学校的独特性和多样性。教育集团是由多个部分组成的一个整体，这个整体是可以分裂开来的，但是又不能够单纯地将它当作独立部分来看，所以在制定发展规划时一般要坚持同中存异、异中求长的原则，使各成员学校都能明确自己的办学特色和发展方向。

（二）集团化办学整体发展规划的四大问题

1. 教育集团发展规划的动态发展

对教育集团发展规划的探索程度越深，就越能够发现更多的问题。针对目前已经出现的问题，笔者做出了如何将教育集团发展规划的动态性调动出来的理性思考。关于教育集团发展规划的动态性上文已经提到，发展规划的作用绝不能局限在文本方案上。无论是规划的制定实施还是后续的评价反馈，都是一系列动态过程，整个过程需要一定的时间和精力，并不是一蹴而就的。而且教育集团发展规划的每一个阶段所受到的外部环境影响较大，一旦外部环境或者预定条件发生了改变，发展规划很可能遇到新的挑战和困难。原先设计好的发展规划会根据实际情况的变化进行适当修改，以此来适应教育集团的发展脚步，这也是发展规划动态性的一个重要表现。基于这一特点，教育集团在制定发展规划时，要毫不动摇地明确规划目标。在实践过程中，要根据外部情况变化进行一系列动态的调整与完善，这样才能保证发展的脚步不受阻碍。实现动态发展说起来容易，做起来并不是一项简单的工作。保证动态发展的稳定性就是做任何行动之前一定要基于事实的客观实际性，事先制定出好的发展规划，必须保证制定人有良好的发展眼光，这就要求在制定发展规划时不能局限于目前的短期利益，而是要将目光放在长期的发展上，对未来出现的种种情况进行预估，推动发展规划趋于合理化。同时必须要知道发展规划本身就是一个动态的过程，它是分阶段呈螺旋上升且来回反复的。这么说是因为发展规划的实施需要经过多次检测和评价，然后再根据评价的结果进行调整，接着再投入实施检测的环节中。这样的一个过程能够保证将发展规划调整到最符合实际、最有利于教育集团发展的状态。

2. 权力关系的分配

教育集团中有一项非常值得关注的重点就是权力的分配。由于教育集团的组成形式较为特殊，什么样的权力状态才有利于集团的统一运作是一项长久以来未经解决的难题。如果权力过于集中，对成员学校的积极性和创造性有一定的削弱，并且集中管理所消耗的成本也是十分巨大的，因此产生的规模效益就会大大缩减。从长远角度来说，集中管理起不到对教育集团发展的稳固保障，过于分散又会导致成员学校获得的权力过大，不利于进行统一的协调，集团的命令得不到很好的贯彻落实。因此在处理权力的分配时，仍然要遵循权力制约的原则，既要保证总部的管理权力，又要在一定程度上给予成员学校一定的自主权。这样无论是对整体的协调管理还是对调动成员学校的主动性、创造性，都有积极的作用。

3. 教育集团核心竞争力的建设培养

目前教育市场的竞争力度越来越大，如何在激烈的市场竞争中占据一席之地，已经成为很多教育集团关注的问题。保持教育集团的核心竞争力，就需要保证集团内有一个较为突出的特色。特色的存在能够吸引更多的资本和生源，这一特色在建设时要保证能够给市场提供优质的教育服务。基于这一重要性来看，教育集团的特色建设是一项十分关键的工作。如何确立教育集团的特色建设需要管理层对各成员学校的办学特色、办学方向进行全面研究，努力寻找出发展的共同点。寻找这一共同点的目的是保证整个教育集团的发展不会产生大幅变动，更能够将教育集团的已存优势和力量发挥出来，这是从内部环境来分析。从外部环境上来看，要分析社会环境，分析社会大环境对教育集团提出的要求，只有符合历史潮流的教育集团，才能在市场竞争中稳步前进，在市场竞争的湍急洪流中屹立不倒。在内外环境都适应的情况下，特色建设的难度会大大降低，并且核心竞争力也能够稳步提升，从而保证教育集团在未来发展中可以获得更大的突破空间。

4. 均衡发展的重要性

最后一点是如何保证集团内优质教育资源的均衡性。为了保证优质教育资源的均衡性，集团化办学模式由此诞生。但要处理好各成员学校之间的均衡关系并实现优质资源的均衡发展绝非易事，需要从发展规划的制定、实施、监督和评价各阶段同时进行。集团内实现优质教育资源均衡发展，不仅能为广大学生和家长提供优质的教育服务，还能在一定程度上提高教育集团的教育层次，为日后的教育发展提供保障。因此，教育集团的发展规划要始终坚持多元化和整体性协调发展的原则，既保证满足学生的多元需求，又实行整体的命令协调，做到这一点需要保证课程的多样化、教师队伍力量的强大、教学方式的创新等。值得注意的是，优质资源的均衡绝不能通过削弱优质学校的资源来实现，而是要在保证优质学校资源不受损害的情况下，积极带动薄弱学校发展。

（三）集团化办学整体发展规划的影响要素

1. 外部环境方面

教育集团都是在本地区政府和教育部门的共同推动下进行的一项教育工程。这两者共同推动的目的是保证学校的办学质量和办学水平，并且能够实现区域性的资源共享。在政府和教育部门的帮助下，教育集团的教学质量会得到稳步提升，教育发展规划的制定也会更加顺利，集团品牌的打造变得更为容易。在政府和教育部门的统一协调下，教育资源的共享会更容易实现，不易出现教育资源的不均衡等种种不良现象。保证本区域内的教育公平可以使本区域学生享受到更优质的教育服务和教育资源，从这一点上看，制定教育集团发展规划工作离不开外部环境的支持。首先，政府和教育部门要认清自己的工作职责，并积极改变传统管理模式和手段。随着社会的进步发展，办学模式也在不断进行适应，教育集团是新时代的发展产物，因此传统的管理模式和手段与教育集团往往是不大相符的，这也是要改变的原因。其次，要积极向教育领域的专家寻求指导。要保证教育集团发展规划制定的工作团队中有专家参与。这是因为教育领域的专家能够更好地把握未来教育行业的发展态势，因此他们提出的意见都是非常宝贵且较为准确的。与其他人员相比，专家在理论深度和规划制定方面更有经验与能力，因此聘请专家参与应得到充分重视。参与进来的专家要充分认识到自己所肩负的重要职责，并投身于教育集团发展规划制定的工作当中，及时为整个制定过程提供指导，合理安排制定过程的各项工作，以此来保证制定工作的有序性和科学性。

2. 教育集团领导者方面

教育集团的领导者起到的主要作用是支持引导。无论是集团化办学模式的探索设计还是实施，都需要这些领导者给予一定的方向引导。可以说这些领导者就是教育集团发展规划制定的主力军和先行者，是一切活动开展的基础。所以要充分认识到教育集团领导者的作用，并积极地将他们所具有的潜能发挥出来。

首先，领导者要充分认识自己，并保证自己的专业素养水平过关，包括领导者的各项业务能力水平。从长远角度来看，发展规划是一项关于教育集团未来发展的工作规划，它是教育集团在未来发展道路上前进的指示牌，因此发展规划在很大程度上直接决定了教育集团未来的发展状况。作为主力军存在的领导者在发展规划制定过程中，为了保证制定过程的顺利进行，更好地应对出现的各种问题，必须提高自身的规划能力，这样才能从根本上保证各项工作的稳步进行。只有领导者自身的规划能力提高了，才能确保规划的科学性和准确性，才能将发展规划的理想效果最大限度地发挥出来，带领着整个教育集团朝着正确方向不断前进。

其次，领导者注重沟通协调能力。领导者在整个教育集团中起到的是桥梁作用，简单地说，领导者的上层有各级政府和教育部门，下层有各级管理者，领导者的沟通协调能力好就能将上下级关系处理得十分恰当。从上级关系来看，处理得当就能赢得政府和教育部门的青睐与支持，使其为教育集团提供更丰富的教学资源和教学财力，这就从先天条件上决定了教育集团有得天独厚的发展环境，并且无论是政府还是教育部门的支持，都会让教育集团的发展之路更为顺畅，遇到问题和困难时也会有这两者的协调帮助。处理好与下层各级管理者之间的关系，可以使领导者清晰准确地认识到教育集团发展的现状和遇到的问题，在制定教育集团发展规划时更能贯彻从实际出发的原则，针对目前教育集团的实际需求合理制定。可以这样说，处理好与下层管理者之间的关系，领导者就获得了一个稳定的信息来源，保持对整个教育集团发展状况的动态监测。在对下层管理者进行关系协调时要着重处理好与教师团体之间的关系。

总的来说，领导者所要注意的方面是很多的，既要重视外部环境，又要重视自身的能力发展。但是无论怎样，一定要遵循现代教育的管理规律才能做到对各项工作的合理安排，以统筹全局的意识进行工作的规划。教育集团的发展规划要根据本校的实际情况进行合理调整，致力于推进全方位、多层次的办学模式发展，保证办学模式发展的健康、稳定和长远。

3. 教育集团教师方面

教育集团要强化教师的责任感和创造性。教师的教学态度能直接决定其教学成果。有责任感的教师更能投入自己的工作当中，创造性越强的教师在教学的过程中越能创造出更多新颖的教学方式，这对整个学校来说是非常有益的。在制定发展规划的过程中，无论是制定实施还是后续的评价反馈，都需要有教师团体的积极参与才能保证最终的发展规划达到实际水准。为了保证参与制定工作的教职工能力水平，需要教职工主动进行自我学习和培训，目的是提高自身的制定技能和决策能力，为整个教育集团发展规划的制定贡献自己的一份力量。在发展规划的实施过程中，教师要有目的、有意识地对发展规划的各项成果进行检验，并积极向领导者提出意见，以帮助发展规划的进一步合理修改。在后续的评价和反馈过程中，教师不仅要对发展规划的实施效果进行评价，还要根据最终的结果进行创造性反思，提出自己的思考和意见。教师团体的数量是庞大的，因此整个团体凝聚起来的力量是非常可观的。教师团体可以从多个角度去审视发展规划的实施效果，因此所提出来的意见是多层面的。让教师充分地参与发展规划的制定、实施和评价，不仅能够激发教师的自主创造性，使他们获得强大的责任意识和责任能力，而且对发展规划制定工作来说也是非常有益的。

作为学校的重要组成部分，教育集团的发展规划绝对离不开教师团体的鼎力相助。只有教育集团内的教师团体充分参与到发展规划制定过程中来，贡献自己的一份力量，才能打造出一个能够持续发展壮大的教育团体。

第二节　集团化办学的价值追求与路径选择

一、制度支撑与机制优化

（一）边界的明确

在对教育集团的发展规划制定做出多角度、多方面的深度探析之后，需要着重探讨的问题就是集团化办学的意义是什么，它追求的价值有哪些，如何对其进行路径选择。集团化办学创始之初，外界就对其进行了一系列提问，而其中影响力较大的就是集团化办学模式所追求的核心价值是什么？在这种模式下如何实现机制的优化与创新？这种办学模式的未来发展方向是怎样的？针对这些问题，我们需要有针对性地一一回答与解决。本节从相应的学术论文回答中截取了部分观点进行呈现，一起来回应外界的诸多疑问。我们首先把目光放在集团化办学制度上。关于这一模式下的办学制度，我们需要进行更为详细的阐述。集团化办学模式迄今为止已经有20多年的发展历史，20多年的发展时间虽然不漫长，但是也足够公办学校集团化办学模式进行一系列的自我改革和创新，并且实现从基本均衡向优质均衡的跨越发展。在这种模式的整体推动下，优质教育资源的力量被极大地发挥出来，且优质教育资源的数量也在稳步上升，其发展趋势也是非常迅猛的。在目前的社会形势下，国家是非常支持和看好这种集团化办学制度的，那么如何使这种制度进一步发挥作用？我们要明确教育集团的发展边界。教育集团是一个新生事物，需要给其预留出一定的空间才能使其健康稳定发展。目前教育集团的发展已经从他人管理走向自主治理。在接下来的发展中，一定要处理好自身与外部的关系，包括外部环境、自身内部环境等。从外部环境来说，当地政府和教育机构需要给教育集团的发展预留出一定的空间，扩大教育集团的自主权，这样才能推动教育集团的快速发展。但这种快速是平稳的，这就体现出不过分强调主体责任所带来的优势，这一观点是得到广泛认可的。更为细致地来说，确立好这一边界需要从内外两个方向、两个环境同时进行。教育集团作为一个集团化整体，要有总校和分校之分，这样更有利于各项权力的分配与整合。无论是总校还是分校，都要在理念、行为、体制三个方面明确自己的边界。单独来说，理念是总校和分校所要共同遵循的基本原则，因为理念的统一能够在很大程度上维护教育集团的整体性。在行为上，总校主要体现的是一种整体性的规划制定，而分校需要根据自身的办学特色和办学分项做出一些调整，不能够生搬硬套总校的行为宗旨，这就表明总校需要给分校一定的自主选择权。体制是总校和分校差异最大的一点，体制的不同主要是为了实现各成员学校的差异化发展。

（二）路径的规划

在路径的规划上，很多教育集团的领导者往往更注重办学的质量和水平，而对发展路径规划的关注是少之又少的。规划路径这一词涵盖的内容是较为丰富的，包括治理结构、运行方式以及未来的发展模式。确定本教育集团的规划路径是一项有难度的工作，而且对未来的发展影响是巨大的。针对这一理念，有学者提出要清晰地认识集团化办学与单个办学的不同之处，一定不能将单一学校的管理规划路径复制到集体化办学模式上。单一学校管理的主要领导者是校长，但是在教育集团中，成员学校数量众多，每一个成员学校都有自己的校长，所以传统的一位好校长就能办成一所好学校的定律完全失去了参考价值。在进行路径规划时要合理利用法律的约束效果，无论何种管理机制，都要通过立法逐渐将学校管理从人治转变到法治上来，并且一定要按照民主管理的方式进行分层管理，保证各管理者的参与度，这样才能实现从自治到共治的改变。不同的教育集团有不同的发展方向和办学特色，所以说在确定规划路径时，需要根据现实情况和自身需求进行探索。举个事例来说，如果教育集团内部的各成员学校发展水平较为均衡，并没有什么较为突出的发展方向，在确保教育集团内资源能够良好整合和分配的情况下，可以实行协调发展的模式。如果教育集团的品牌效应实施得很好，在一定范围内有很好的声誉，就可以充分发挥自己的口碑效益。如果集团内部的核心总校是通过引进外来人员形成的，那就要着重关注属于本校内的内部型人才。要注重保持文化的和谐统一，只有统一文化，才更有利于教育集团整体性的发展。

（三）提供支持

教育集团发展需要更多的推动力，教育集团的发展所获得的推动力主要来自两个方面：一是外部大环境，二是自身内部环境。从外部大环境来看，能够提供外部助力的有政府和当地教育部门。政府提供一定的政策支持，可以很好地帮助教育集团克服发展道路上的困难，实现健康稳定的发展。具体的保护措施有很多种，其中激励措施有提高教育经费、增加编制等。但是在提供帮助时一定要保证给予教育集团足够的自主权利，这样才能不伤害到教育集团的自主性和创造性。从这一角度来说，政府和教育部门的角色是一个服务者，并不是一个领导者。从自身内部环境来看，想要保证教育集团持续稳定地发展下去，最重要的就是从内部源源不断地挖掘发展动力，以此来确保教师团体的业务素质和教育能力。教师为教育集团提供源源不断的发展动力，这就要求教育集团不断吸收新人员、培养新人员。年轻教职工是生机勃勃的力量源泉，他们对教育工作的责任感更大，能够有效肩负起教育集团赋予其的工作任务，从这一点上，我们就可以看出年轻教职工不断扩充的重要意义所在。

二、集团化办学的重点

（一）品质的提升

从宏观角度来看，全国范围内很多城市在进行集团化办学的过程中都遇到了各种各样的问题。由于城市的发展水平不同，集团化办学的推进过程也各有差异，在一些城市化水平较高的地方，集团化办学已经进入了深入推进阶段，但在一些城市，集团化办学才刚刚起步或刚刚进入推进阶段。从这方面来看，集团化办学正处于逐步上升阶段，并拥有巨大的探索空间。在进行集团化办学时，需要领导者注意一些重点。关于品质方面，无论是何种类型的教育集团，办学品质才是其立身之本。人们选择教育集团的最终目的是给学生提供优质的教育资源，所以说教育质量和教学水平是集团化办学中需要着重关注的问题。由于地区间发展不平衡，教育也存在着失衡现象。教育集团水平的提升能在很大程度上将一定区域内的成员学校集中起来并缩小各成员学校之间的差距，实现教育的均衡性。如果一个教育集团内有几所优质学校存在，可以大大发挥优质学校的榜样示范作用来带动薄弱学校的发展，最终实现教育集团教学质量整体提升这一目标。现阶段，我国人民对教育公平、优质教育的渴望越来越强烈，公共教育产品的品质提升迫在眉睫，政府也进行了各种教学集团的试点实验，包括学区化、联盟化等。而集团化办学就是诸多模式中的一种，并且从目前的实验效果可以看出，集团化办学对于教学品质的提升来说还是有很大的积极作用的。

（二）队伍建设

从根本上来说，办学的动力机制就是一个如何建设队伍的问题。在进行集团化办学时所涵盖的成员学校数量较多，使得人员分配工作变得困难起来。如何合理地分配人员并使人员的作用最大限度地发挥出来是一个十分重要的问题。教师的工作状态和工作能力对集团的未来发展有颇大影响。这里就体现出集团办学者的智慧，集团的办学者收到的上级命令属于行政命令，但将行政命令转化为内驱力，促使集团成员全心全意投入工作当中去是一项不简单的工作。有学者认为，虽然校长处在学校办学者的地位，但校长和教师一定要有共同理念，保证其价值观的高度统一，这样才能在共事时实现共识和共谋。校长要正确认识教师所起到的作用，教师并不是命令的执行者，教师的主要角色行为是在接受命令后，主动地将命令消化并促使其成为内驱力，这就要求教师做到两大方面的要求，即教师的流动和教师团队的能力。集团化办学中所需的教学资源很多，而在诸多教学资源中，教师资源无疑是最特殊的一种。为了更好地交流学习情况，教师交流是必不可免的一项活动。在教师流动时，如何在这个流动的过程中发挥他们的真正效益是校长需要着重思考的问题。有的校长认为，在安排教师流动时，首先要做的就是尊重教师的意愿。如果不尊重教师意愿，随意强行地安排流动，很有可能引起教师内心的不满、厌恶情绪，会直接导致教师不良的心理状态。校长还要认真分析流动的目的和原因，并考虑到一旦发生流动所带来的改变和后果。要对流动过程进行细致划分，任何一个细节都不能放过。还有的校长认为，干部团队的流动相对于教师流动而言更需要着重布局。因为干部团队更能将管理层的理念方法传递到位。在能力方面，追根究底，教育集团的发展仍然是人的发展，一个教育集团要想稳定和平衡好教师队伍，不仅需要定期对教师队伍进行知识培养，还要求每位教师都能具备自主创造能力，既能有效接收外界信息，又能依靠自主的创造力创造出新的教学方式和教学理念。这个过程是十分有利于教师水平提升的，因为在这个过程中教师会对专业发展和追求进行重新定位与思考。在这样一个过程中，技能方法和思维方式就得到了非常有效的训练。

（三）评估反馈机制的制定

在评估反馈机制上，集团化办学发展之路不仅要一直朝前看，还要时不时回头看，回头看指的就是办学发展过程中的评估反馈机制。它起到的主要作用是对整个教育集团的发展历程进行一个动态实时的监督和评价，很多教育集团在发展过程中往往忽视了这一机制所带来的巨大效益。评估反馈能够从客观的角度发现发展中存在的问题，并能够非常准确地对整个发展过程做出评价，最终的评估反馈提交到领导者手中，可以作为后续发展的重要参考资料。为了保证评估反馈的价值，需要从多角度、多层次进行，这样所得的评估反馈结果更有水准和参考价值。未来的集团化教育需要更加公平、均衡地发展，想要达到这一目标，评估反馈机制的存在是必不可少的。

三、优质共生的实现

在集团化办学模式下，如何才能实现优质共生？这一问题的提出时间较久，并且相关专家也对其进行了各种各样的解释，因此下面就从两个方面来回答这个问题。

（一）系统谋划

科学合理的系统谋划是推动集团化办学创新发展的动力。调查人员经过研究发现，集团化办学模式中有一个突出的特点，即优质共生，这也是集团化办学伊始提出的最终目标。所谓优质共生，就是在一个教育集团内，优质学校的存在可以带动其他薄弱学校的发展，并最终达到一种全面优化的效果。真正实现优质共生这一目标绝非易事，需要从多方面、多角度进行统筹规划，其中常见的环节包括办学品质、治理方式、发展之路等。我们要认真考虑优质资源如何处理和分配这一问题，在保证优质资源不受削弱的情况下，将其影响辐射效果发挥到最大。这其中，集团化办学资源常常关注的核心问题一般是从办学、育人、发展规划、课程设置、教学教师队伍这几个方面提出来的。这个发展过程中常常出现的问题总结起来有以下两种：一是全盘照搬类型，没有根据成员学校的特色进行实际分析，而是简单地模仿优质学校的发展规划模式。这种行为不仅发挥不出优质学校的带动作用，甚至还可能出现反作用。二是形式主义，这种模式并没有真正落实优质资源的实际作用，仅仅关注办学治理的表面形式。

从总结概括出来的几个问题我们可以了解到，教育集团在发展时，必须遵循的原则就是从实际出发。诚然，创新发展是必要的，但也要根据自己的实际需求进行创新力度的调整。在整个过程中，要对自己的发展历程进行定期总结，不断向自己的发展之路提出疑问，在疑问的推动下才能发现问题并解决问题。

（二）协同发展

实现优质共生的另一大条件就是保证教育集团内的协调发展。这里我们有必要提出集团化办学与传统单一学校管理的区别之处。传统的单一学校管理与政府之间的关系是自上而下的管理方式，政府对这种学校存在着很大的支配权，这一模式下的学校所获得的自主权是很少的，发展空间也就非常有限。在当前背景下实行的集团化办学模式，在很大程度上改变了这种传统的管理结构。政府对集团化办学模式放宽了力度，相应地，集团化办学模式所获得的发展空间也就更为宽广。在这种模式下，政府与集团化办学之间的关系已经从管理变为治理，更强调的是这两者之间的相互作用。除此之外，在这种模式下有多个主体共同参与进来，共同协商，各种管理中心的出现就是其代表。有很多教育部门的领导者认为，想要实现区域集团化办学的进一步发展，从行政这一方面对其大力推动是根本所在，而加强各教育集团之间的合作交流则是提高办学水平的捷径。从政府和教育部门层面进行推动时，要选择那些水平差距不大或者有办学特色的集团作为推动对象，并针对教育集团在不同阶段的发展特点选取不同的引领措施。有较多专家认为，集团化办学想要实现优质共生，在量的控制这一方面需要下足功夫。存量要盘活，增量要不断创造，这就意味着要加大力度关注集团层面的各项制度，不仅要协调好组织机构，还要进一步完善集团内的交流沟通体制，便于各成员学校之间的交流，也便于各成员学校与总校之间的合作交流。与此同时，无论是组织还是个人，其能力水平与活力水平始终保持着一种正比例的关系。所以从这一点来看，教育集团可以组建一些非专业领域的团队，主要是为了进一步激发这些人的活力和能力，为科研部门提供一个可以交流合作的部门。

在以上种种措施和关注重点的保障下，促进教育集团的优质共生和均衡发展是较容易实现的，这将有效地解决发展道路上的诸多问题，为优质共生营造出光明广阔的发展前景。

第五章

基础教育名校集团化办学
理论与实践探索

第一节　基础教育名校集团化办学理论基础

一、名校集团化的概念

名校是在长久的发展历史中不断积淀，由国家、社会特别是校长、教师、家长、学生共同创造的社会财富，是一种典型的、稀缺的宝贵公共资源。实现这一公共资源效益最大化，是每一位与教育相关的责任人终身的责任与奋斗目标。名校集团化办学实践，通过"嫁接办学"，达到了四个目的：一是实现了优质教育资源的快速扩张，为义务教育均衡化探索出一条新路。优质教育资源扩张后没有演变成"贵族学校"，反而为义务教育创出了新模式，满足了社会不同层次的需求。二是有效地解决了目前群众对教育教学资源强烈的需求与学校数量不足之间的矛盾。现在许多家长为了把孩子送进一所理想的学校，不惜每天长途接送，如果名校嫁接成功了，家长为孩子就近入学的选择余地就大了。三是从学校来说，嫁接办学增多有利于教学资源共享，激活师资的流动。四是缩短了学校的成熟周期。按传统观念运作，一所新建学校的办学成果要得到社会的承认起码在5年以后，但依托名校后，其管理、师资、教学规范等方面能尽快步入正轨，减少了国家经费投入，投资少回报快。

二、名校集团化的原因

（一）优质教育资源短缺

由于教育发展不平衡，优质教育资源相对于群众需求而言是有限的、短缺的。同时，国家对教育的投入也是有限的。如果采取教育投入平均分配的方法，名校与普通学校资源使用的社会效益是不相同的，浪费也在所难免。如果把有限的教育经费重点投向普通学校，可以缩小普通学校与名校的差距，但是普通学校自身内部实施变革的难度大、时间长、见效慢。鼓励名校扩张，借助政策与市场机制的力量，可以迅速使优质教育资源不断增加，从而让更多的学生接受更好的教育。

（二）教育的适应期

通过名校连锁办学，新校依托名校迅速发展，缩短了适应期，老百姓也更容易接受。推进集团化办学，目前已经受到了老百姓的普遍认可。名校集团化办学有效满足了百姓"上好学"的需求，从客观上缓解了择校的压力，教学质量也得到了家长的认可，有效缩短了学生的教育适应期，是目前能够快速实现教育公平和资源利用最大化的办法。教育相关部门和单位需要根据本地区实际情况，积极探索适合自己的发展道路，选择不同的名校构成模式，使学生"上好学"的问题早日得到解决。

三、名校集团化的要点

（一）确保教学系统的科学管理

名校实施连锁办学或集团化办学，不仅意味着名校校长工作量大幅度增加和教师的竞争日趋激烈，同时还有一定的风险，如果管理不善，有可能使原有的名校在老百姓心目中大打折扣。因此，实施连锁办学，就必须充分调动名校校长、教师办学的积极性，构筑学校办学的动力系统，鼓励名校和要连锁的学校主动"自由恋爱"，使名校更好地为优质教育做出更大的贡献。科学规范的管理是名校集团化办学的基础。办单个学校和办集团的最大不同在于集团化办学更需要规范的管理和完善的制度。"船小好掉头"，而一个集团一旦驶上轨道，要停下来修正自己的方向和行为就十分困难。因此，它更需要实现从"人治"向"法治"的转变，它对学校的科学管理提出了更高的要求。对教师的引进和培养，更需要一定的投入机制来进行保障。新的学校在引进教师时，应当对教师的水平进行严格把关，不能为了扩大招生而降低教师的教学水平，导致课堂效果不理想。学校应该对有经验的教师委以重任，不仅要教学生，还要带老师，发挥教学经验的优势，使学校的管理机制不断完善，能够稳定输出高质量的教育工作。

（二）确保教学资源浓度

学生及其家长选择学校，重点在于选择良好的师资。师资是集团化办学的命脉。要实施集团化办学，必须建立健全教师培养机制、评价机制、考核机制，充分调动和激发教师实施名校集团化办学的积极性与创造性，这样才能给教育发展带来不竭动力。例如，采用全员聘任制、评聘分离、教师分层管理等，从而有效地保证教师队伍的可持续发展，有力地推动教育教学质量的稳步提高。名校集团化办学从某一个层面来说，解决了基础教育投入不足的矛盾，但这并不意味着实施名校集团化办学可以不投入或少投入。相反，要做强做大名校教育资源，在现代教育技术、教师等方面还必须加大投入。跨校区办学，要求管理者突破时空的限制，而这需要依赖现代教育技术的投入，确保"网络无障碍通道"的建成。通过网络平台，实现校际之间的沟通和资源共享，提高学校管理效能。

四、名校集团化的价值

（一）名校集团化效益增加

效益优化是指在对原有的教育资源进行配置时会不自觉地向名校倾斜。从投入与产出比例来看，名校的这一比值要明显高于普通学校，且名校更容易出成绩，这使得各种教育资源不断向名校靠拢。为了实现效益最大化，名校集团化是一种必然趋势，同时也是最佳选择。首先，名校本身已经聚集了许多优质的教育资源，如富有经验的老教师、先进的教学设备等，在这些资源的帮助下，名校里的学生更容易、更普遍表现出较优异的成绩。同时也正是因为学生表现优秀，更多家长愿意将孩子送到名校。这两者之间形成了一种良性循环，在提高学生学习积极性的同时，也增加了教师的教学有效性。其次，名校的管理办法和实践性是极具经验的。新办的普通学校在开始办学的几年时间里会出现人员的磨合期，教师需要相互配合，对管理方式也要逐渐适应，这段时间里的教学质量和课堂效果与成熟的名校之间有很大的差异。而名校集团化的办法能够有效地缩短这一期限，更快地将管理办法落实到位，加速人员的磨合，不断提升教学效益，实现学生与学校之间的共赢。

（二）实现教育公平性

公平与效益是现代学校制度的价值基础，二者可以有机地统一起来。建立名校集团化的初衷之一是满足民众对高质量教育的需求。每个学生都有接受教育的权利，父母作为监护人也应该按照法律规定送子女接受教育。随着社会经济水平的不断提高，一些家庭条件较好的学生比其他人更容易接触到优质的教学资源。名校在扩张和集团化之前，其每年招收学生的名额十分有限，在这种情况下难免出现教育不公平的现象。通过名校集团化的手段，将名校中受人追捧的教学资源、校园文化和管理制度等复制移植到另一所学校中，借助名校的办学经验，帮助其快速适应，以逐步达到集团化的规模。这种集团化的名校整体教学水平较高，有利于实现某一地区内大范围的教育公平，为学生提供更优质的教育。

（三）同化其他学校

整合同化能力是名校集团扩张的第一能力。整合同化能力是指名校在集团化扩张时，充分发挥自身原本的优势，以自己突出的部门为基础和模板，提供给集团内部其他学校参照和模仿。在名校中，其管理办法、校园文化、教育理念等都有值得学习的地方，而名校集团内的学校则具有一种天然的便利，能够更加便捷地接触到这些优点。考虑到不同学校具有各自的个性，不能要求也没有必要要求所有的被同化方完全与同化方一样，仅仅保证名校集团的核心特征得到同化即可。整合同化能力是名校集团在扩张时必备的能力。办学要在实践中不断丰富和发展集团化内涵。名校是在动态的发展过程中形成的。名校集团化也是一个需要在实践中不断完善和创新的过程。在推进集团化办学的过程中，要根据学校的实际和学生的实际，不断丰富其内涵，实现办学形式、办学内容等方面的创新，要体现多样性，要突出个性化，并逐步形成学校的办学特色和风格，使新校源于名校而优于名校，这样才有可能出现一加一大于二的效果。

五、名校集团化办学的方法

（一）有效实现资源整合

1. 核心竞争力

核心竞争力是名校的强项，是名校在日趋激烈的市场竞争环境中立于不败之地的看家本领，它的培养与利用是名校生存和发展的必要手段。核心竞争力是名校所独特拥有的，这种核心竞争力能够使学校的地位得到明显提升，这也是名校与企业学校之间的区别和差异。核心竞争力也可以被描述为相对于竞争对手具有的"独一无二""与众不同""难以模仿"的相对竞争优势。

名校的扩张潜力也取决于这种竞争优势的强弱。名校之所以能在激烈的市场竞争中持续稳定地发展，关键是能够保证自身优势。名校本身已经得到了较为极致的开发和挖掘，达到了一定的瓶颈，要想使名校的规模得到进一步扩大，必须通过吸收外部各种优势资源培养自己的核心竞争力。而且，名校任何一项竞争优势都会随着外界环境的变化而减弱。名校要在既有竞争和生存优势的基础上获得新的、更强的竞争优势，以适应环境变化，还必须吸收外界资源，以增强自己的核心竞争力。

2. 校园文化

校园文化是扩张中最容易产生冲突，进而导致扩张失败的因素。校园文化只有达到相似性和互补性，扩张才能成功。名校的扩张是长期积累的结果，同时也是印证名校名气的最佳标志。名校的校园文化是其他学校最难模仿的，也是区别于其他学校的一种独特优势，名校集团化能够很好地实现优秀校园文化的传承。优秀的校园文化可以使学生养成更加自觉的学习习惯，丰富学生的课余生活，帮助学生实现全面发展。

在名校集团化的过程中有时会出现学校文化不融合，而其带来的影响会直接导致名校集团管理层和教职员工产生担忧、焦虑和紧张，各种观念的交织和冲突、学校运行方式方法的碰撞、人际关系和处世哲学的不统一等都会给名校集团的正常运行带来阻碍。不同学校文化的同化整合，要尽量避免使扩张后的名校集团陷入混乱。

3. 管理制度

管理制度主要包括三个层面的内容：第一是核心理念层面；第二是战略层面，主要指战略制定与实施的原则；第三是由名校集团战略制定实施的原则衍生出的各种激励与约束机制、运行机制的计划、实施与控制等。名校集团化的过程中会将更加高效的管理制度带到新学校中，而核心理念层面和战略层面的内容在所有部门中都要不折不扣地同化整合，尤其是核心理念层面的内容绝不可以有一点歪曲和变形。只有第三个层面——制度层面才可以根据实际情况做适当的调整和改动，如教职员工的奖惩措施、教职员工的工作职责、日常规章制度等。管理制度的健全能够帮助新学校更好地进行管理，快速适应校园的融合和改变。

4. 教师资源

人力资源同化整合常见的问题主要有：被合并学校优秀教师流失；留下的教职员工心绪浮躁，前途模糊、不明朗；自身的定位不明确；担心不能适应新环境；自卑情绪渐长，自认是"二等公民"，原有特长不能发挥；担心薪资待遇下降；等等。一些名校教育集团在合并之初，由于师资存在明显的差异，对师资的改造成为首要任务。首先要培养教师的认同感，认同感是教师进一步发展的基础。可以通过提高被合并学校教师的待遇，尽快赢得教师对改造的支持。同时也可以任用原来学校的教师，对他们的思想、能力进行塑造，再逐步引入名校教师，直至完全融合。其次是讲究人才的充分利用，用放大镜看待别人的优点，同时理性看待别人的缺点，讲究用人的策略，充分发挥每一个人的特长。研究发现：教师的可塑性很强，在开放的环境里可以不断让教师感受到新鲜的东西，促进他们快速成长。同时加强教师的评定考核工作，并对教师的评定一视同仁。对干部的培养也是重要工作，让每个干部在不同的岗位上轮训，既培养他们对学校的全方位了解，又从中发现每一个人最合适的岗位。

（二）从竞争中找到突破口

1. 竞争机制概述

名校天然具备许多优势，相对于普通学校，名校的资源、资金、设备等都更具有优势，而学生和家长对名校的追捧则更加剧了这种差距。基础教育学校"优势群体"与"弱势群体"之间的差距更大了。基础教育的现实是锦上添花多，雪中送炭少，由此导致"马太效应"愈演愈烈。社会机制中有一种自动争源机制，就是先发展的地区或先发展的个人往往会获得很多自动争源的优势。例如，广州、江苏、上海、北京等发达地区，不但人才往这些地方流，技术、资金也往这些城市流。其实，学校发展也是同样的。名校与普通学校相比，更容易吸引优秀的教师、学生、社会捐资等，这已经是公认的事实。名校集团化办学可以不用强制手段扶持普通学校发展，而是因势利导发挥名校的"马太效应"，主动争取市场资源向名校集团流动，带动普通学校的快速发展，最终带动整个教育的发展。

2. 提升教师水平

名校集团自动争源的能力是指名校集团利用自身的品牌优势及名校多年积淀的资源及影响力，主动争取市场资源向学校集中，同时积极争取政府支持的能力。名校要发展必须主动地在学校文化、制度建设与组织保障、战略选择、质量管理等方面建立与之相适应的系统。我国目前的经济发展水平还不高，政府对教育的投入是有限的。普通学校的信誉度不高，难以吸引较多的资金支持。相反，名校可以利用品牌优势，吸引大量资本，降低投资风险。名校长期积淀的学校文化有着天然的感召力，吸引着优秀人才投身教育事业。对教师个人来说，名校的社会认可度、福利待遇、个人发展等方面都具有很大的吸引力。名校集团化办学后，对于集团内其他学校的教师而言，增加了教师的个人专业发展机会，提高了教师的待遇，增强了教师的归属感。同时，名校集团可以利用名校品牌引进优秀的中青年骨干教师，优秀的特级、高级教师等加盟，迅速提升整个教师队伍的水平。

3. 提升教学效率

名校集团化的扩张可以扩大名校的规模，使教育经费的效益达到最大化。长期以来，由于政府对重点学校的重点支持政策，造成了普通学校与重点学校的发展不平衡。普通学校与重点学校、城市学校与农村学校之间形成了相对稳定的生态结构，学校之间缺少竞争，重点学校与普通学校的发展动力都不足。名校实施集团化办学后，受到资源的限制，必然要与普通学校结为联盟。不同的名校与不同的学校结成联盟，打破了原来相对稳定的学校生态系统。于是，新一轮竞争开始了，新的竞争为集团学校的发展带来了新的活力。借助竞争，新旧学校之间会为了提高教学效果而不断钻研努力，这是一种良性竞争。

六、名校集团化的发展趋势

（一）加强名校与民校共同发展

适度发展"名校+民校"模式，实现教育资源的优势互补。名校具有良好而稳定的师资，而民办学校具有按成本收费的优势。因此，发展"名校+民校"模式，可以通过民办学校集聚一部分社会资金，来弥补名校资金的不足；而民办学校可以通过与名校的"联姻"，避免纯民办学校师资上的不稳定，实现优势互补。因此在今后的发展中，可根据社会的发展状况和百姓对教育的需求，适度发展"名校+民校"模式，满足百姓对个性化、优质化教育的需求。集团化办学是推进基础教育公平、均衡发展的重要举措，而这种均衡是一个永远逼近公平的过程，能够让更多的孩子沐浴在名校的阳光下，享受优质的教育。

（二）探索名校集团化办学边界问题

经济学中有一种关于边际效益的定义，其含义是指在企业进行经营活动的过程中，如果想要扩大生产经营规模，不仅会带来经济收益，同时也会带来成本的增加，且两者之间会在初始期成正相关，当成本增加到某个值时，则收益会出现下降的情况，当成本和收益相等时，则表现出了扩大规模的不经济性。这说明企业规模是有边界的。集团化办学也要在实践中探索规律，使名校在最大限度地发挥作用的过程中，确保教育资产的保值增值。因此既要探索学校的组织管理能力和管理效率，使名校在规模办学的基础上实现管理效能的最大化和优质化；又要构筑学校师资队伍"造血功能"体系，健全和完善教师的培养培训机制，为集团化办学提供持续发展的动力。

（三）加强对优秀师资力量的引进

要使更多的人接受更好的教育，高素质教师队伍是保证，这就迫切要求教师成为知识型、创新型复合人才，有关部门和学校应当联合起来，积极实施教师成长工程，着力培养一支高素质的教师队伍。

首先，学校可设立"教师成长专户"。创新教师培训"三单"模式，实行培训机构出单子、培训教师点菜单、教育部门买单的模式，财政部门为在职教师提供专门用于学习的经费，对学习时长应做出明确的规定，以鼓励教师不断学习积累。同时，创新"主粮+杂粮"培训内容，突破教师以学科为主的知识结构，通过调查研究、教研科研活动、邀请知名企业家等专业人员讲课、外出考察等多种形式，安排学科教学专业内容之外的其他内容，使教师成为知识面广、信息量大、视野开阔、能够适应现代社会发展要求的指导型人才。

其次，教育部门应该实施"名师津贴"制度。由财政出资，对获得"省特级教师""市学科带头人"等荣誉称号的教师给予每月100～800元的教学津贴；对获得全国、省、市级荣誉称号的教师，给予300～5000元的一次性奖励，并通过"名师"来影响和带动更多的普通教师向"名师"迈进。

（四）推进自创品牌的特色发展

普通学校可以依托名校立校发展，利用名校的师资、规模、影响力，移植名校的办学理念、办学模式，成为名校的分校或校区，共享名校的师资管理、教学设施、互联网络、融资渠道、生源等，从而在短时间内步入良性发展的快车道。民办学校、新校或薄弱学校在积极消化吸收名校优势的同时，努力通过定向培训、联合教学研讨等方式，对现有教师队伍的潜力进行开发和挖掘，充分利用现有资源，使集团内学校的管理制度和资源配置逐渐走上正规化的道路，根据实际情况发展出有自身特色的发展模式。另外，还可以通过教师"一帮一"的形式，使有经验的老教师帮助年轻教师适应课堂教学，提升年轻教师的教学水平。当集团内的学校具备一定的自我发展能力之后，就可以脱离原有名校的"母体"，自由建设与发展。自创品牌的子校的一个发展目标，可以促进形成更多的名校，也可以通过有利竞争的方式，使所有学校的教学水平不断提高。

（五）"紧密"与"松散"的结合

目前的名校教育集团运作模式主要有三种：紧密型、松散型和两者兼有型。紧密型的优势是明显的，也是不言而喻的，但在义务教育阶段，松散型及两者兼有型的教育集团因其多样性和动态性优势更利于优质教育资源的再生性扩张。在强调合作共享的同时还要倡导竞争发展，以期达到共享、共赢、共荣的目的。因此，紧密型集团以后也可能会走向松散，松散型集团里也可能会有若干个紧密型小集团。这种呈生物链状的再生性集团发展机制，能够促进名校集团化可持续办学。

嫁接办学而成的新校园应站在高起点上，获得更新、更高的发展。因为它一出生就带着名校的鲜花与光环，在成长的道路上少了些磨砺，少了些抗挫折经验的积累。但是在今后的发展中，它还要抗击激烈的竞争环境。实施名校集团化办学必须坚定不移地走以质量求发展、求生存的道路，以精品教育和品牌战略为方向，在新的发展机遇面前必须设定更加超前、务实、完整的发展战略，以继续保持良好的发展态势。

总之，为推进教育的均衡化和公平化，配合城市化进程，教育部门可以利用旧城改造、新区建设、布局调整等有利时机，提出营造高品质教育生态、打造高水平教育强区的目标，坚持以实施"嫁接办学"为抓手，区域推进名校集团化办学；积极在中学、小学、幼儿园探索办学新模式，输出优质教育资源，实施名校扩张战略；创新办学模式，拓展各类优质教育，使新建小区的居民子女在家门口也能享受便捷的优质教育，满足百姓接受优质教育的需要，实现"更均衡、更公平、更充裕"的小康社会教育目标。

第二节　基础教育名校集团化办学模式及目标定位

一、基础教育名校集团化办学模式

（一）内部结构法

1. 新老型

新老型主要就是以老型名校带动新型学校发展，以名校为主、新校为辅，利用名校的辐射效应带动该地区新兴学校的不断发展，使教育重心向周围平台拓展，实现教育的均衡化。新校利用名校的品牌和优秀的师资力量来进行快速建设，能够快速步入正常的教学轨道。而且新校的体制较为灵活，也具有一定优势，可以自由发挥其建设特色，以名校为主校区来建设新校区，用主校区的师资力量对新校区进行建设，构建连锁式集团化学校，使该地区的教学质量进一步提升，并且，这几个校区可以进行统一管理，实现管理的高效化。

2. 公私类别

名校建设还可以为民营学校提供一定的帮助，名校建设输出品牌，民营学校留出空间，供名校发展，并且还可以对名校的管理经验进行借鉴，从而得以快速发展。二者可以按照合约关系通过签订合同来获得共同收益，按照一定比例进行分配，以保证双方的经济利益。民营学校可以以名校的名称为前称，建立包含自己名称的分校，在做分校之前需获得名校的同意，这样双方合作，签订合同，可以使民营学校也获得一定的影响力，能够得到生源，而名校也能够得到一笔额外的收入，来促进自身建设和教育教学的发展。

3. 强弱分类

名校建设还可以利用名校作为强校来带动薄弱学校发展，所谓的薄弱学校就是一些办学规模比较小，并且生源质量比较差的学校，此外，还有可能校园环境、校园教育水平都较差，所以可以通过对该学校进行改革和重整来提高综合实力，名校利用部分力量进行填充，对薄弱学校进行接收，扩大名校的教学范围。可以对薄弱学校进行理念灌输、教育灌输、人才灌输、学生灌输等多个方面的全面提升，使薄弱学校得以继续发展下去，如果灌输得较为合适、较为恰当，还可以进一步培养另一个名校出来。

4. 校企发展

除此之外，还可以名校与企业联合，这样通过强强联合、品牌共享的方式来促进双方的共同发展。名校可以给企业带来更多的信誉，企业可以给名校带来资金，提供产业链条，可以促进名校的转型转化。同时这种强强联合的模式实现共赢的概率是最高的，所以名校和强企之间相互联合可以扩大影响范围，并且可以获得一定的利益。这种将名校集团和企业相联系的方式更符合集团化办学特点，可以将企业的管理模式注入学校管理过程中，可以促进学校管理的高效发展，并且也可以给学校的改革带来新思路，实现学校教育制度的创新和发展。目前许多校企联合是为了培养专业人才，所以也有利于人才的定向培养。

5. 城乡建设

这是由城镇名校为农村学校提供支持。目前农村学校在硬件建设、师资力量和学生水平方面都是较弱的，我国已经投入了大量的人力、物力、财力来促进农村进一步发展，并且有大量优秀青年和教师去支教，推动农村学校建设发展，努力提升学校的教学水平。名校对农村学校的知识传播、技术传播、硬件传播，可以使农村学校在教学质量方面得到进一步提升，同时还可以利用交换学习的方式，使双方的学生都领略到对方的优势，城镇学生可以更加了解乡土人情，农村学生可以更好地开阔自己的眼界，提高学习能力。名校还可以使自己学生的活动范围增加，同时也为农村学校带来更多的好处。

（二）建设形式

1. 连锁办学

连锁办学意味着由一个教育机构在不同地区开发同样的教育机构，利用同样的教学模式进行教育，并且不断扩大，使其规模不断提升，形成一定的品牌效应。目前的一些教育机构都存在这种现象，这种模式一般是由名校对薄弱学校进行合并，使其为名下的连锁学校，也就是分校，或者对其他教育机构进行合并，为其提供名校的品牌，来促进该地区教育的不断前进。在这种连锁模式下，教育机构内部的教师存在着流动现象，所以每个学校的师资水平几乎是一样的，可以更好地促进资源的均衡化发展，同时也能够使名校的辐射范围更广，对于人员的影响力更强，更加深入人心，品牌名声进一步打响。

2. 加盟手段

这种加盟关系一般是由名校提供教学方面的资源和管理手段，来对加盟方进行管理，然后由加盟方提供地点、设施、人员，以配合名校的管理工作。加盟式的集团化办学可以更好地将资源进行整合，如两个学校进行加盟，那么可以将两个学校的资源融合在一起，在资源均衡化方面就不会出现过多的偏差，不会出现之前一个学校由于教学质量弱而导致资源分配较少的现象，因为都是一个学校，资源不存在谁多谁少的问题。在这种模式下，领导层主要是依靠责任制来进行权力制衡。

3. 合作方式

合作办学主要是为了互利共赢。一个教育机构与其他教育机构相互合作或者与其他非教育机构相互合作，以谋求共同利益，其最基本的特点是有着共同的利益，这样才能达到合作的前提条件，并且在此基础上能够促进双方发展。名校进行品牌建设，以获得相关的利益，其他机构或者学校对该品牌进行补充或者提升，实现合作共赢的目标。多方合作可以使各自学校内部产生的问题得到分担和妥善解决。

4. 嫁接式发展

所谓嫁接就是和植物的嫁接过程一样，先进行移植，然后将移植部分与主体部分进行合并，最终进行培养。所谓移植就是先将名校的一小部分优势转移给薄弱学校，将该部分与弱校相融合并，将二者捆绑起来，经过不断培养、补给使这两者之间的结合更加紧密，浑然一体。而且要使该优势在弱校方面不断发展，形成弱校的特色建设，通过该特色的建设打响弱校的品牌效应，使弱校逐步壮大起来，建设成为新的名校。这里所谓的优势方面就是师资力量、教学理念、教学水平、硬件建设等多个方面。

（三）性质方面

办学性质主要有公办、国有民办、民办公助和民办，还有中外合作办学以及混合制办学，该性质具有多样性的特点。

1. 公有制办学

公办的教育集团资金来源主要由政府调控管理，主要由当地的教育部门负责将这些公办学校整合起来，能够促进公办区域内部的资源调配均衡化，使各方面的优势相互借鉴、相互发展。这样能够使各学校进一步平衡化、同步化，实现地区的优势建设，促进地区平均教育水平的不断增长。在这一方面许多学校都是通过这种建设来不断提升的，如浙江的浙江大学附属小学、靖州小学、新洲小学所构成的集团化学校区域就是靠这类手段不断提升、实现自身发展的。公办学校的所有运行权都归国家所有，其运行机制要严格按照教育部门的统一安排，因此受到极大的限制，公办学校拥有义务教育的优势，可以免除一切学费。

2. 国有民办

国有民办学校是指以国有为主体，利用民办的机制运行的学校。这类学校额外收取费用，用来弥补义务教育带来的损失，并且能够提供给公办学校使用，以增加教育资金，这类学校也属于政府事业编制。

3. 民办公助

民办公助也就是由民营教育集团承办，并且利用国家资助项目进行建设，所以其主要结构是教育集团进行建设和管理，政府只是作为资助方来参与投资办学。这类学校具有独立法人，并且学校内部的各项事务、各项硬件建设均由教育集团承担。

4. 民办

民办学校就是真正的私人教育集团创立的学校，该学校的所有资金全部来自背后的集团。民办学校一般都是依托名校创立的，打出自己的品牌效应后能够独立进行招生和扩展，学校的内部事务由学校董事会决策，费用收取等多个方面也由学校自己拟定。这类学校具有高度的自主权，可以自行决定教师聘请、硬件建设和招生等多个方面的问题，不需要受到教育部门的统一管理，目前这类学校在我国数量不多，但也具有一定的数量。

5. 中外合办

中外合办的学校是指以中方学校校园为基础，引进外方的教育资源创办的学校。可以在中学建立外语部，利用国外学校的力量进行建设。此外，还可以将学校内部的一些设备、建筑出租给国外学校建立分校，也体现了中外合作办学的理念。中外合作办学可以使二者在办学方面相互交流、相互沟通，取长补短，共同促进双方教育的不断发展，能够使教育缺陷得到妥善解决。目前我国正在推进教育国际化、教育多元化，因此中外合作办学是教育国际化的必由之路，能够使我国教育更加面向世界、面向未来，我国的学生也能够接触到更多的国外知识，提高自身的认知水平。

6. 混合制办学

混合制办学主要指的是拥有上述五种性质的教育集团，该教育集团不是只针对一种办学模式，旗下的学校可以分为多种模式。这种形式可以更好地维持教育集团的稳定性，这种形式一般存在于高中教学，因为高中教学涉及的范围比较广，可以存在多种教学模式。在高中教学中利用公办学校现象是较多的，在民办学校中主要是利用军事化管理来提高学生的自律性，混合所有制名校集团是以名校为中心将其他学校综合起来进行集团化建立，实现各学校之间的优势互补。因为人们对于高中学习更加重视，所以利用混合制集团化办学，可以使各方面的知识更加完善，并且可以拓展办学空间，使名校资源的利用效果更好。

（四）运行方面

1. 紧密型集团

紧密型集团拥有共同的法人代表，以该法人代表为引领，带动着整个集团不断发展，没有中间管理层，高级管理层直接对初级人员进行管理，实行扁平式管理，更广泛地达到权力控制效果。统一管理能够提高学校的运行管理效率，对于集团内部教育的调配和均衡化发展有着很好的帮助作用。在教师方面要发挥教师之间的竞争能力，按教师水平进行分类，区别骨干教师和普通教师，提供不同的薪酬待遇，这样可以激发教师的教学潜力和责任心。对于学校内部的各种硬件设施、教学设备，教学人员都可以公平地使用，不存在谁具有优先使用权，更体现了教育的公平性。此外，还要在集团内部建立信息共享平台，使人员在信息方面起点同步化，这样有利于教育水平的均衡化发展。各学校获得的信息也是一致的，方便总校校长对于整个集团的控制，保证各方面教学水平同步化，实现集团内部教学品质的提升。总校校长具有很大的权力，对资源调配、教师调配、人员分布等多方面问题有最终的决定权。其他学校要听从总校的安排，这样才能不出现内部混乱的现象，不起内讧，才能更好地促进集团化教育的全面发展。

2. 松散型

松散型集团化办学，从其名称可以看出内部学校之间联系不紧密，其领导层是由各个学校校长共同构成的，每个学校校长都具有一定的发言权和决策权。学校整体还要利用专家或者一些顾问建立权力监督系统，来监控管理层对于权力的使用情况，并且可以对于学校的运行机制进行监控。松散型集团化办学在决策和建设等多方面与紧密型相比都是比较滞后的，因为决策权较为分散，所以决策时间就会延长，使建设等多方面都受到影响。松散型集团学校内部主要是靠名校校长的引领作用，带动其他学校校长不断发展，其他学校校长一般都由集团的主管部门任命，能够更好地配合名校发展，并且也能够坚持自身的特色。各学校之间具有平等合作关系，能够促进共同发展，这种松散型学校更有利于弱势学校的自身特色建设。

3. 混合型

混合型名校集团主要是比较庞大的名校集团，这意味着中心名校既有自己的子学校，也就是紧密型建设，又有同等级的合作型建设，这样该学校的辐射范围就更加广泛，这种混合型名校可以更好地开展灵活办学，对于教学资源的分配既有着均衡化的效果，也有着紧凑型的效果，使教育质量和竞争能力都有更多的提升。

（五）层次分类

1. 同层次

集团学校可以是同层次的学校，如义务教育阶段的学校和非义务教育阶段的学校，是按照不同的层次进行分类的。义务教育阶段的学校主要包括地方小学和初中等，而非义务教育阶段的学校主要是一些职业学校或者高中学校等。

2. 跨层次

集团学校还存在着跨层次的关系，如一些高中学校拥有着自己的附属初中、附属小学，这种也是较为常见的。职业学校也可以与小学相互联系，或与初中相互联系，能够发展优秀的生源地来进行技术的传承。杭州的明珠教育集团就拥有这种跨层次的教育合作关系，构成了跨层次的集团化学校。

3. 跨类别

跨类别集团包括普通教育和类似于成人高考的一些成人教育，两个类别之外，还有一些职业技术教育。集团化学校可以包含这三种类别，也可以将这三种类别有机地结合，促进多方面的发展。利用学术关系带动技术进一步发展，同时还可以促进成人教育的不断建设，激发成年人的求知欲。

此外，还有其他的分类方式，如平行型名校集团建设和垂直型名校集团建设。一种是相同教育水平的学校在一起搞的集团建设；另一种是以中心名校为基准，参照不同教育水平的学校进行联合而构成的教育体系，这种教育更能覆盖学生的所有教育阶段。平行化教育可以互相吸取办学经验和办学能力，促进自己在技术改进和建设方面的发展，也可以将这二者结合，进行办学经验方面的培养，还能够在学生总体化发展方面提供更好的帮助作用。垂直型名校集团可以更好地发挥学校的特色建设，因为学校的一体化建设更具有特色专业的培养，能够保留自身特色。

名校集团化办学还可以按照地方进行分类，如在同一个城区叫作区域内集团化办学，在不同城区叫作跨区域集团化办学。区域内可以更轻松地进行交流，因为教学管理的基本体制是相同的，教学人员所面临的对象也是基本相同的，因此在问题解决方面有相互指导的意义。而跨区域集团办学在创新方面有着更好的发展，一个区域内部的教育形式可能与另一个区域不同，那么可以从另一个区域吸取先进的教学经验，对自己的教育进行改革促进，并且加强学校之间的沟通与合作。

各地区的名校集团化建设各具特点，可以看出名校集团化建设与地区之间具有联系，只有符合当地的发展需求，才能使名校集团化办学不断发展下去。目前我国的集团化办学处于探索阶段，还要对于集团化办学进行认真分析，要综合考虑各方面的因素，如发展趋势、环境影响、生源关系等，这样才能将集团化办学与我国现代的教育水平相融合。要促进集团化办学的进一步发展，使其更加成熟、完善。只有集团化办学的水平更加先进、更加完善，才能在我国普遍实行起来，才能对教育资源的分布进行优化。

二、基础教育名校集团化办学目标定位

（一）定位原则

名校集团的办学定位是一个十分严谨和科学的确定工作，办学定位对名校集团的发展战略和工作内容具有重要的指导作用。名校集团的办学定位原则除了一般性管理决策中的具体内容，即弹性原则、反馈原则、优化原则和发展性原则之外，还要另外强调以下几个方面。

1. 共性与个性的统一

确定办学定位的过程中，在追求个性的同时也不能抛弃共性的存在，要保证共性与个性的统一，将集团所在地区的社会发展需求、发展特点、未来发展态势与名校集团在地域教育需求中所处的位置有机地统一起来。

2. 实际与目标相结合

办学定位也是集团的办学目标，而办学目标需要以集团所拥有的实际情况为出发点和落脚点，因此在确定办学定位时，一方面要注意办学目标的前瞻性和长远性；另一方面也需要结合目标的可行性和合理性，同时需要结合所处地区的教育环境、教育政策变化所带来的不确定性，还需要保证办学定位的相对稳定性和连贯性，实现办学目标、集团发展与实际情况的有机结合。

3. 做好创新与继承的协调工作

办学定位是对原有办学定位的继承，以及在时代发展下对办学新需求的创新。创新并不是对原有定位的否定与抛弃，而是一个取其精华、去其糟粕的过程，保留原定位中的精华部分，保证办学定位的延续性、稳定性、连贯性和创新性。

（二）策略选择

1. 特色定位策略

某些已经发展到一定阶段、进入一定规范化和固态化发展阶段的名校集团，在突破创新途径的探索中，发展定位可以结合本集团办学中的优势方向采取特色定位的策略，如绘画特色、体育特色、英语特色等。利用学校特色进行特色定位，能够帮助名校集团突出办学优势与特点，因此能够吸引更多具有专业方向要求的学生的目光。特色定位的办学策略也可以在新成立或者多集团合

并的名校集团确定办学定位时有效运用。

2. 空白定位策略

空白定位策略指的是名校集团在办学中主动探索在学生和家长中间有一定热点，但是教育市场还没有广泛覆盖的教育方向的策略。空白定位策略目前主要运用于商业市场，如美国M&M公司的巧克力产品主推的"只融在口，不融在手"的口号，就是解决用户要求的巧克力因为体温而在手中融化的问题，这也是同类产品没有涉及的方向，取得了巨大的经济效益。名校集团在新成立、新合并、新发展等关键时期对自身定位进行再规划的过程中，都可以运用这种策略。

3. 首席定位策略

首席定位策略指的是根据具体情况，争取本名校集团在同类型的所有名校集团中树立领导者地位，发展定位战略。首席定位可以分为三个层次：第一层次是发展良好的名校集团，可以将发展目标定位为全国甚至国际一流名校；第二层次是发展有一定前景但也有一定欠缺的名校集团，可以将目标设定成为本地区同类名校集团中的领导者；第三层次一般适用于有一定实力但在追寻新的发展的名校集团，即策划成为本地区同类型名校集团中的领导者。

4. 高级俱乐部定位策略

高级俱乐部定位策略常运用于企业界，指的是强调名校集团是一个具有良好社会声誉的团体中的一员的定位策略。企业界最有代表性的就是美国的克莱斯勒汽车公司将自己定位于美国三大汽车公司中的一个组成，那么就给人一种克莱斯勒与通用、福特一样都是最优秀的汽车生产商的感觉。名校集团如果自身实力难以成为本类型名校集团中的佼佼者，或者难以形成突出的特色，那么这种定位策略不失为最佳选择。

5. 市场细分战略

市场细分在商业界主要指的是在行业内的空白点以行业最高水平的姿态进入行业生产竞争中。最典型的代表就是宗庆后以中国第一个生产儿童专用营养饮料的"娃哈哈"而打开了儿童饮用品市场，而梁伯强以具有"中国最高档指甲钳"名号的"圣雅伦"为代表打开了中国的小五金市场。学校在新创、合并或者寻求新的发展道路的时候就可以利用这个策略及逆行战略规划。

一个名校集团在对自身的市场定位以及战略进行规划时，应尽可能地根据自身优势选择上述定位策略中适合的类型，使集团自身的发展更加饱满、多样以及立体，更加具有市场竞争力。但是，在运用定位策略对自身发展进行规划时，切忌过于贪心导致定位复杂，反而使自身优势难以凸显，学生及家长难以准确把握集团的优势，而且也会造成竞争能力不突出的负面影响。

第三节　基础教育名校集团化办学的
机制建设

一、集团学校文化建设

学校文化与学校的发展有着密切的联系，其自身价值和意义十分明确，作用也相对关键，尤其在教育功能方面，其自身具备较强的导向性、凝聚性、鼓励性和规范性。但学校文化并不是没有负面影响，如果在实际操作过程中不能有效进行有针对性的文化塑造，就很容易导致其自身出现保守性和约束性的问题，对集团学校文化建设造成较为不利的影响。在具体操作过程中，相关文化建设也需要立足于实际情况，积极采取相应的有效措施，解决文化方面的冲突，将文化进行一定的融合，只有在这样的措施之下，文化建设的最终效果才可以得到一定程度的优化和提高。相反，如果内在文化融洽以及融合程度不高，外在就会出现很多问题，教师工作中的冲突也会有所增加。

一般来说，集团学校文化包括三个方面，即物质文化、制度文化和精神文化，校园环境等方面就是学校的物质文化，管理者形象等方面则主要是制度文化，而个性化发展以及学校发展前景方面则是精神文化。因此在建设过程中，也存在着一定程度的不同，需要客观认识进而积极建设。

（一）融合模式——构筑学习平台并改善心智模式

名校与企业进行联合办学的方式及相关模式，对于集团学校文化建设来说具有较强的价值和意义，这主要是与品牌共享、文化共融等有密切联系，也可以有效辅助名校集团形成相应的文化，提高整体文化的效果等。在实际操作过程中，集团文化融合是一个创造—享受—再创造的动态过程，需要反复积淀、升华，然后对其生命力进行一定程度的提高。建设过程可以分为文化认同阶段、文化融合阶段和文化重构阶段。

文化认同阶段，名校集团化过程中整体运作模式发生了改变，主要是名校带弱校，母体向子体输出相应的办学理念以及制度、教师等，而子体则主要进行认同、接受、适应，消除文化冲突，建立文化认同。

文化融合阶段，主要进行一定的对话互动，二者彼此提高，母体通过子体活动找到文化生长点，激活自身的活力，消除文化隔阂与割裂，让二者融为一体，形成一个新的文化趋势及文化形态。

文化重构阶段，主要是在名校集团化过程中，输出先进文化的同时积极吸纳和更新，提升自身品牌的优质性，形成更加具备包容性、融合性、创造性的新型集团文化，集团各个部分也逐渐具备自身文化特质，可以进一步开展新一轮扩张，成为新一轮扩张的母体。

在融合过程中，最主要的一点就是构筑相应的学习平台，在不断学习和研究的过程中形成共同价值观，首先要融入先进办学理念，其次要驱动所有的工作人员自觉行动，最后才能够取得一个较好的建设效果，优化最终的共同价值观融合与发展的综合成效。由此可见，这样的措施和价值意义十分明确，可以结合实际情况进行一定的操作，为制度文化建设、精神文化建设提供一定的保障。

（二）替代模式——改变学校管理者从而引领文化变革

文化变革离不开管理者的支持，组织文化的形成需要一个长期的过程，名校文化也是经过多年积累沉淀所形成的，这也就意味着环境塑造是一个彼此影响的作用，人员影响了环境，而环境会反过来影响人员。在这一过程中，替代方式可以改变弱校的文化，从而进一步优化最终的效果，让其文化发生一定的改变和变革。

就目前综合情况来看，公办学校大多数都会采用这样的模式，以名校为龙头嫁接弱校，然后将办学规模较小、社会认知度较低、生源缺乏的学校进行一定的重组，接着进一步将其办学质量进行一定的提高。这样的模式会起到一个较为关键的作用，尤其通过管理人才、骨干教师的输入输出之后，可以用先进文化作为指导，实施相应的管理以及教学，提升教育质量和办学质量等，为发展空间提供保障。

（三）扩张模式——开办新校传播先进文化

扩张模式也是相对常见的一种文化建设模式，文化的传播是一个长期的过程，名校可以作为办学主体创办新校，然后利用品牌、师资等支持来进一步实现高起点发展。这样的连锁式办学能够在一定程度上提高整体办学的合理性及办学质量，对于新建学校来说采用标准化管理也相对较为简单，对于学校文化、管理方式、管理理念的塑造来说也有着积极的价值和意义。由此可见，这三种方式和模式都是传承、传播和塑造文化相对关键的内容，需要结合实际情况进行文化建设。

二、名校集团知识管理体系

（一）树立合理的风险意识

从学校的角度来讲，受教育行业性质的影响，规避风险、保持稳定是教育系统追求的主要目标。这种思想尤其是在教育工作者的决策层中有非常保守的体现。但从学习本身的角度来说，风险是与学习相伴随的一个常规问题，并且在整个教学开展中处于比较核心的位置。风险教育的内容包括创造性思维教育、传统思维模式与创新思维之间的差异和带来的挑战以及新的教学模式给教育工作带来的影响。从改革的角度来说，风险的讨论很难取得相应的成果。因为即使没有计划、缺乏明确的目标，前进和学习也是不能停止的。当在学习中遇到了新的问题和挑战时，应当敢于挑战和冒险。

基于幸存目标而承担风险是学习型系统的一个非常典型的特征。当风险发生时，必然会带来冲突、争论。这些不良现象在逐步发展的过程中还有可能扩大。为了避免风险，可行性的办法包括选择一个之前曾被认可的思路和评价，但从长期性的角度来说，这种方法并不具备持续性的效力。这主要是由于无论是学校还是集团，再到个人，实际上都无法运用最广泛的认知和最丰富的知识应对所有的问题。如果选用已有的方法和观点去看待与解决问题，很有可能本身就限制了学习型模式的建立，因为学习的过程就是探索和变化的过程，当遇到新的变化时，如果都是被驳回的情况，那么所谓的创新和发展也就会同样受到相应的限制。从学校的角度来说，为了求发展、求生存，转变中的风险承担是不可避免的。因此应对可能产生的风险也是非常重要的。以学习型组织为例，在组织建立之初，最应该秉持的态度是对于多种转变发生时保持一种降级应对的心态，而不要只求中立。对于改变问题方法的运用，也应当注重多样性，并在寻找解决方案的过程中关注创新的价值。总的来讲，就是强调要在充满风险的环境中注意积极态度的保持。学习型系统固然是一种风险性、复杂性和未知性都比较强的系统，但其中蕴含的活力和契机也是非常重要的。

（二）确立边界模糊的预设目标

学习型系统的倡导者提出如下观点，即在建立一个学习型系统的过程中，不宜在最初阶段就设立一个明确的目标，而应当转变传统精密控制模式，为学校运营中的变动和发展提供一个比较充足的空间，另外，思维方式也要进行相应的转变。在学习型系统中，思维方式的不确定性和整个环境的不确定性更强。在这种情况下，如何适应不确定的环境并实现学校工作开展的创造性进步是需要考虑的一个关键问题。要想将不确定性逐步向创造性的方向转变，则需要从以下几个方面入手对系统参数进行调整：第一，调整信息的流动。信息的流动是指信息流动的质量以及信息的可得性。第二，提高信息的多样性。在这部分参数调整的过程中需要注意的问题是，应当避免由于缺乏约束而出现无政府状态或随机状态。第三，调整权利问题。在学习型系统中，实际上并不倡导过分的民主。过分的民主会带来一个非常现实的问题，就是负责人的数量会减少，或者责任人本身不够明确。这就使得系统所做出的决策在执行落实阶段缺乏规范性和有效性。第四，连接性的调整。关于连接性的问题，主要强调的是个体与团体之间的连接和融合，关于具体的融合效果，可以通过情感成分中的忠诚度和分享意识来体现。从学校的角度来说，如果想促进真正意义上的变化，则应当从管理和学校文化建设的角度适当开放，给一些不确定性的学习预期保留足够的尊重和有效的空间。从创新活动的开展角度分析，任何一种创新活动，实际上都是一项科学研究，研究的领域主要集中在未知的领域。从现状来看，几乎所有的学习型组织都对思维方式的转变进行重点强调。例如，美国著名学者彼得·圣吉就针对学习型组织的特点以及建立中的训练项目做了如下总结：建立一个学习型系统和组织，需要具备自我超越、心智模式、共同愿景、团队学习、系统思考五个方面的内容。这五个方面的具体内容都与思维方式的转变有着非常密切的关系，而且学习型学校通常无法对学习成果进行明确的展示，因此需要留出实践和空间去理解团队所创造出来的前景，以此为团队之间的相互学习提供机会。另外，模糊的目标确立，从积极的角度来讲，也是为创造力和想象力提供更大发挥空间的一种表现，能够使针对学习型系统的评价更加客观全面。

（三）将目标设定为一个具有驱动性的愿望

由于系统的发展方向本身就具有一定的不确定性，因此在将其从不确定性向创造性转变的过程中，需要考虑不同类型的影响因素。另外，组织运行中需要创造什么的问题也是应当重点考虑的。另外，从组织成员主观的角度上来说，其所提出的创造预期的内容实际上也属于目标的范畴。之所以将其称为一个愿景而非目标，主要是由于这种愿景具有很典型的内在需求特点，这就意味着组织内部的成员从主观上就认同这个目标。这时它就不只是一个想法，而是发自组织成员内心的一种想法和愿望。这就意味着从主观上来讲，组织成员本身对这一愿景的关注程度就比较高。上升到一定的高度后，这种愿望可以理解为一种事业心和使命感，这是促进一个学习型组织得以运行和维持并且获得发展与提升力量的重要条件。这也就意味着愿景的建立实际上是人们树立一个宏观的目标，且这个目标的实现与组织成员的个人愿望有一定的相关性。在这种情况下，愿景就能够起到驱动其开展工作、创造价值的作用。

（四）关注情绪上的焦虑问题

在一系列改革的过程中，必然会遇到问题和困难，学校方面应当关注可能由问题和困难引发的人们心理上的焦虑。解决焦虑情绪问题的有效方法是营造一个积极向上且具有温情感的组织环境氛围。作为领导者，应当将所有组织成员的情绪和感受放在一定的关注地位上，使其感受到个人在组织中受到的重视，尤其是在组织成员遇到问题和困难时，积极的鼓励和及时的帮助也是非常重要的。因为在创新的过程中，风险的承担是成员随时随地都可能面临的问题。因此，当工作开展遇到阻力和问题时，以一种包容理解的态度去面对是非常重要的。但是在包容的同时也并不意味着整个组织的管理就会放松。关于学习型组织创造中的情绪问题的控制和管理，需要坚持以下几项原则。

第一，要具备建设性思维，并且小步前进。这个过程中再次强调和体现出了思维能力的重要性，即要求学校的组织内部改革不能够只按照一种方法实施。同时，改革的过程也是漫长而曲折的，因此不宜在阶段性工作开展中过分追求全面的进步和成功，而应当脚踏实地，对小的进步和发展也给予充分的关注。

第二，注重开展面向教师的专业发展培训。开展面向教师的专业发展培训是为了提高教师的整体素质水平。在创新的背景下，教师自身的素质水平是影响创新工作开展的一个重要因素。教师只有在专业教育领域符合教学开展的专业化需求，并且在个人的思维能力和思维方式上实现及时的创新和转变，才能切实提升个人的素质水平，且确保个人具备的素质能力符合现阶段学习型组织和系统建立的要求。校本专业培训是提高教师个人综合素质、适应学习型组织建立的一个重要途径。

第三，营造良好的合作氛围。对于系统建立工作来讲，建立一个能够生产知识、分享知识的系统，是组织建立的一个重要原则。根据不同的组织运行情况所进行的改革虽然不具有渐进性，但是学校作为知识的生产者，其内部所蕴含的知识都会在不同程度上对教师和学生产生影响，这就是校本知识的力量。一个好的学习型学校组织，对于这些校本知识的态度应当是注重分享和分析的，只有在学习型系统建立后达到一种相对平衡的合作分享状态，才能实现整体的学习型系统组织的建立与成效的提升。合作对于学习型组织的建立来讲，是系统建立得以实现的一个重要条件，也是系统运行能够长期保持稳定的前提。

三、名校集团组织结构设计

（一）扁平化

在一些集团组织中并没有设立中间管理层，直接由高级管理层对底层进行管理，这种就是扁平化管理结构。因为没有中间阶层进行传递，信息传达更加准确、快速，直截了当地到达执行部门，这种结构对于信息的传递来说有着很好的效果，并且也可以保证行动的稳定性，不会因为缺少中间环节而导致过程难以进行。因为执行过程仅仅由领导层和执行部门构成，所以只要二者同时存在即可进行，不需要其他部门协助。扁平化组织结构可以使名校集团之间的信息交流更加快速，方便教学改变的传递以及改革的发展。这是一种新型管理结构，可以利用这种新型管理组织结构，更好地加强思想工作。高效率的沟通方式能够进一步优化组织结构，减少问题出现的概率。教育部门主要是传递教学内容和教学方法等多方面的信息，这些信息具有及时性的特点，因为教学内容的发展是十分迅速的，所以要保证信息的准确性和快速性，这样才能达到真正的教学改良目的。名校集团化办学利用扁平化组织结构可以更好地优化部门内部，使各学校之间的联系更加紧密，并且各个学校都有自己的任务团队，可以准确地发挥功效。

利用扁平化组织结构可以优化决策，因为扁平化组织结构意味着领导层是由多个领导成员共同构成的，所以在决策方面有着更好的民主性。在进行决策时需要领导层得出统一的结论，才能实施该决策，因此就提高了决策的准确性和正确性。在以往的学校建设过程中，如果是民办学校，主要是由董事会决策，而在公办学校内部则是由教育部门统一安排，所以在决策方面缺乏民主性、科学性，而集团化办学的扁平化组织结构可以更好地使决策符合更多人的意愿，使决策为了整体利益而服务。最后需要说的是，扁平化组织结构可以使各产业之间更好地相互合作来提高每个产业的稳定性，这样有利于集团运作的和谐化发展。例如，在学校、产业和地域之间进行管理的过程中，集团可以利用扁平化组织结构，使学校之间、地域之间、产业之间相互联系、相互沟通，减少各方面之间的隔阂，可以方便集团内部的整体化，减少边界的存在，这样有利于各个产业的稳定化发展，并且能够进行更大胆的尝试，因为其后盾支持力量比较强大。如果一个方面出现问题，其他方面可以利用自己的优势来对该问题进行弥补，甚至达到解决的效果。这样就可以在教育市场内获得更多的优势，使运行更加良好，整体教育水平得到进一步提高。

可以将原来的管理模式看作一个高大的直线模型，因为它是通过多层领导不断发展的，在层次方面就会拉得比较长，而扁平化组织结构则可以看成矮小的人，更加精准化，具有灵活多变的特点。在遇到问题时，一般来说，扁平化组织结构能够更好地达到解决的效果，而直线型组织结构则很难达到这方面的要求。正如宇宙的发展，目前的宇宙是一种扁平化的状态，因此即使存在着异物的掺入也很难对该结构造成很大影响，如流星的出现、彗星的出现等。如果缺少了行星运动，而使各个星体处在自己的层次，太阳的光芒随着距离的增加而不断减少，并且被每一个星体所阻碍，形成上下级的关系，后一层次的星体只能依靠前一层次的星体反射太阳的光芒，那么整个系统将会变得不稳定，难以控制。这也正是扁平化结构所拥有的好处，能够使工作转型更加迅速，并且还能带动更多的创新发展和福利建设，使底层人员也能充分享受到集团发展所带来的利益。

（二）网络化

所谓网络化组织结构就是利用信息网络系统进行控制，使整体达到准确的效果。要利用信息网络系统，就要建设覆盖整个集团的网络，需要花费巨额资金进行信息建设和网络建设，使各个部分都能被网络所覆盖，这样才能方便网络化组织结构的建立和不断完善。利用网络信息管理则不需要一些复杂的书写文件和口头文件，可以通过网络信息数据直接传输，利用电子邮件、聊天窗口等方式传递信息，并且网络还能对信息进行保存，使信息的使用时间更加长久。网络传播较为迅速，还能对信息进行保真性的储存和利用，减少一些人工方面出现的失误，如在某一合同内，比较重要的字词出现了拼写错误，那么有可能导致这份合同不具有法律效力。在一些储存年代较久远的文件中，某些关键词可能因为储存时间久远而出现模糊的现象，导致无法使用，这都会给集团造成很严重的后果。

结合前面所说的扁平化组织管理结构和网络化组织管理结构，可以使信息传递更加准确，并且对于信息的执行能力也会进一步加强。在此方面可以在上层领导之间建立信息交流平台，在执行层或者基层之间建立信息平台，可以使各个部分达到信息共享的效果，并且也可以建立整个集团的信息平台，这样就能提高基层人员的工作效率，由于信息可以直接在平台上公示，不需要传递，因此不会在传递过程中出现问题。信息的公开化可以为决策提供更好的保障，因为基层人员如果发现决策出现问题，可以进行信息反馈，那么有可能会使管理层对该问题给予重视并且加以分析，以达到合理的重新决策效果，更好地促进集团的发展。在名校集团化办学过程中，利用该方面的建设可以使新老学校之间的联合更加快速，并且带动新校不断发展，实现同步建设。

下面就以杭州求是教育集团为例，来分析扁平化组织结构和网络化组织管理的应用情况。杭州求是教育集团为了进一步提高教育水平和综合管理能力，将进一步加强对于管理人员的培养，使管理层次达到更高水平。所有的决策权交给责任人，但是无法单独对问题进行最后决定，需要通过多个分校领导层之间的沟通与合作才能够达到决策效果，这样就使所有领导层都能对自己的决策能力进行培养，完善自己的管理知识和管理结构，有利于整体能力的提升和集团发展的全面建设。管理层一般只保留四五个人，下属学校一般都是中层建设，不具备校长等高层管理人员。每一个总校校长在各个集团中都发挥了责任人的作用，为了降低总校校长的工作难度，每个学校都设立副校长进行责任分担，并且可以提高副校长的工作能力，加强对于人员的培养和开发。近几年，杭州求是教育集团经常加强网络信息建设，利用网络化发展对扁平化组织管理结构进行进一步的细化，并且建立了共同平台方便教师解决问题，方便教师与学生之间的沟通，此外，教师还可以在平台上对自己的业绩进行查询。在信息化建设完成后，集团会议不再需要到具体的地方举办，而是由各领导层和管理人员在网上进行虚拟会议访谈，减少了资金和时间的浪费，并且利用手机也可以达到相关效果，减少了家庭在网络信息建设方面的负担。

四、名校集团的制度建设

（一）制度建立的价值基础

教育在社会、经济与文化的发展过程中，展现出较强的共鸣性，另外，与历史因素的联系也较为紧密，使得学校制度中的价值体系建立需要进一步完善、改革与确立。在社会发展的宏观层面上，政治经济因素与历史文化因素往往以多种或特定的形式，影响学校制度中的价值体系建立，从而使制度本身适应教育发展的需要。可以看出，学校制度中的价值体系衡量与确立是当下教育发展的重要准备工作之一。

在社会经济发展与名校集团群体增长的背景下，价值体系的衡量指标也较为多样。对此，名校集团制度建设需要在多样化的衡量指标中实施统一的标准划分，此处的"标准划分"是名校集团价值取向与体系建立的重要筹备工作。优势价值标准的含义主要为：在实现利益最大化的过程中，以基数较大的群体为主要的实施重点，同时在整体上充分考虑全局利益，采用兼顾的方式调和不同群体之间的利益追求。因此这对于不同群体而言具有较高的参考价值。当代社会、经济与文化格局的发展，使价值体系建立出现一段"空白期"，在以往价值观念的影响下，具有普遍意义的价值体系仍缺乏相应建设。对此，名校集团制度在利益群体调整以及社会经济发展的背景下，需要积极、全面地进行标准划分与体系建立。在价值追求多样化、标准与群体不同的大环境中，学校制度建立一方面需要衡量不同的群体利益，使制度实施具有一定的针对性；另一方面需要通过主导的方式进行价值观与体系建设，即实施优势价值观。当代名校制度的建设工作主要为优势价值观的标准定义与划分，建设过程中还存在实践群体与不同利益群体之间的相互影响。不同群体之间存在的联系与价值取向，对于当代学校制度建设工作的实施而言具有双面性，在价值标准划分以及体系的建设工作中需要从实际出发，同时结合学校自身的价值取向和群体特点，通过优势价值标准使制度建设工作具有一定的针对性。

（二）制度建立的原则

从核心上看，学校制度主要用于管理与协调，以帮助教育工作的展开。学校制度建设中的矛盾主要包括：人们对制度的认知与遵守方式的执行。当制度缺乏正确的认知与执行，一方面意味着学校制度的建立缺乏科学性，另一方面意味着学校管理工作的缺失。

学校制度的认知主要指公民对学校管理系统（制度）的认同与支持，认为其具有正确性，从而从自身意愿出发遵守、执行以及维护学校管理系统。可以看出，学校制度的认同工作是制度建设的重要准备工作。

学校制度认知具有两种层面的意义，即价值上的认同和实际性。从内在性质的角度看，学校制度包含五个层面，即权力层面、利益层面、价值取向层面、文化层面及思维层面。五个层面的整合与相互作用，使人们对于学校制度的建立与管理工作的实施具有一定的认同。对此，名校集团在制定与实施制度时，需要从实际情况出发，对多种利益关系进行梳理与划分，一方面适应价值观念的转变以及文化上的内涵性，另一方面使制度可以具有更高层次的逻辑性，从而在一定程度上避免制度繁杂而管理效率低下。

（三）制度建立的起点——章程

管理制度与相关法律是现代学校管理的主要构成要素，即依法治校。该项工作的实施特点主要根据相关法律或管理制度使学校管理具有一定的规范性，同时从政府政策的角度出发进行相关的制度建设，使学校在实施管理工作与制度创建时受到监督与引导，从而使学校制度符合实际的社会需要。学校应该创建符合自身需要的工作章程与管理制度。该项管理内容一方面是社会需求的反映，另一方面也是学校自身发展的途径之一。学校工作章程与管理制度的建立是合理办学、优化内部管理以及明确发展目标的重要任务。章程文件的内容性、合法性、适应性与科学性是学校优化管理的重要前提，同时也是政府实施监督的重要评判标准。

名校集团在章程内容与管理工作的制定上，应结合市场机制对资源进行协调、分配与管理；健全法人制度与管理制度，根据相关法律规定进行经营与管理；保证优势价值标准的实施与自我管理的实施，通过权力与职责之间的协调建立完善的章程管理系统。章程内容的制定与实施不能简单将其定义为结构层面上的问题，也不能单方面定义为学校经营中存在不足，该方面的内容创建工作与管理工作需要从社会、政府、学校以及市场等层面进行综合判断。管理体系的创建需要减少投资人对学校事务的管理，改善教育资源分配不均的情况，使企业与学校之间能够具有一定的可比性，另外，还需要建立充分利用章程内容灵活的特性实施制度管理工作，使学校管理体系在制度内容上可以实现人力资源、财务资源、学生管理以及发展战略的高度融合。名校集团在章程内容与条例管理工作中，需要结合现代化的管理方式，使财产资源、经营管理、激励机制、资源协调以及教育市场管理得到约束与管理。名校集团各个分校之间，如不同校区、加盟企业和合伙学校等，在各方面的运行过程中一方面需要维持自身发展特点、性质与目标，另一方面需要结合学校自身内部管理的特点。学校章程在学校管理与发展过程中主要起到规范和指导作用，既是学校教育的参考条例，也是内部管理制度与工作实施的重要依据。

学校章程包括三大层面的内容，即名校集团的主体性，包括办学目标、发展方向和内部管理重点等主要内容；章程条例拟定与结构建立，如校名、地区分布、办学理念、规模设定、发展阶段规划、管理体系构建、资金引流、财产管理与时效性等，该阶段事项涉及多项工作内容，对于学校工作实施以及管理而言需要进一步完善；章程内容制定与管理工作实施需要明确依据与原则，法律指《中华人民共和国教育法》《中华人民共和国义务教育法》《中华人民共和国教师法》《中华人民共和国职业教育法》《中华人民共和国高等教育法》《中华人民共和国民办教育促进法》等，原则包括合法性原则、可执行性原则、重要性原则和个性化原则。上述法律条例和原则等方面的内容是学校章程制度中需要贯彻与落实的主要内容，在实际的内容制定与工作实施上需要进一步明确。章程创建与执行包含拟案、修改、审核、最终公示和实施等。

五、名校集团的质量管理体系

（一）建立质量标准

1. 教学全面质量标准内涵

总体来说，教学全面质量标准主要涵盖两个方面的内容：一方面是教学质量约定的标准，另一方面是学生满意标准。前者是名校集团以学生、家长、社会等方面的需求以及自身的需求为基础制定的具有综合性的、在特定的范围内向约定好的顾客提供教学服务的一项标准。而后者指的是满足学生需求，让学生感觉到快乐甚至是超过学生心理预期的一种标准。

2. 教学质量约定标准的选择与制定

根据全面质量管理的相关内容，影响教学质量的关键因素在于能否达到顾客的心理预期。在实际教学工作中，顾客（学生及学生家长）是否满意只有在提供了完整的教学服务之后才会得到充分体现，因此要尽可能提供高质量的教学服务，同时需要在开始教学工作之前，了解提升教学质量的方法。从微观层面来说，制定教学质量约定标准的主要目的是让其可以对名校集团、教师以及顾客进行先期的指导与帮助。该标准应该具有以下几种主要作用：第一，可以为名校集团平时开展的教学工作以及与其相关的工作提供行动方面的指导。第二，可以作为名校集团教学质量评价与评估的一种尺度依据，如各个部门或者个人的自我评价，名校集团管理部门对于各个部门以及个人做出的评估等。第三，对于学生及学生家长来说，该标准可以当作一种衡量名校集团教学质量以及教学水平的重要参考。第四，该标准可以作为名校集团的各种顾客如学生、家长、政府等，对名校集团以及其内部成员所提供的各种教学服务的质量进行评估的一种参照。

在实际工作中，为了让教学质量约定标准能够起到上述四点作用，标准本身应该具有以下几种特征。

（1）综合性与全面性

教学质量约定标准的全面性主要指的是该标准要能够详细、准确地体现各个方面的需求，能够全面指导名校集团中各个部门以及人员进行工作。其综合性主要体现在四个方面：第一，要以整体的视角来分析名校集团内部以及外部顾客的需求和心理预期，一方面要尽最大可能满足顾客的心理预期；另一方面也要保证名校集团内部成员的利益不受损害，要对内部人员以及外部顾客的诉求和利益进行调节。第二，需要全面分析整个教学过程中各个教学环节以及教学要素的具体情况，在明确教学成果标准（如学习成绩、升学率、知识掌握量、学习态度、学习能力以及思维创造性等）的基础上，以名校集团教学输入过程及该过程中的关键要素作为切入点来制定相应的标准。第三，要对名校集团以及顾客的短期需求和长期需求进行统筹性考量，不能因为过分追求短期利益而损害名校集团的长期利益。第四，要保证教学质量约定标准的指导作用具有全面性，简单来说，就是该标准应该具有以下两种能力：一方面可以告知名校集团内部人员具体的工作内容、完成工作内容的方式以及如何对工作成果进行管理与评价；另一方面该标准需要让顾客了解名校集团在教学方面可以提供哪些具体的服务或者产品，同时让顾客了解如何评价名校集团的教学质量以及教学水平。

　　说完了全面性之后，我们再来说一说教学质量约定标准的综合性。简单来说，该标准的综合性就是指约定标准体系的构建要对各个方面的因素进行系统的整合。该标准的全面性并不是说所有的教学元素要面面俱到，而是要对各种元素进行统筹安排，想要实现该标准的全面性以及综合性，在制定标准的过程中就要注意以下几个环节：第一，要将综合标准与教学单项标准进行有机结合，对于一些比较简单的教学任务，使用单项标准已经足够，由于可以分离出单项标准，因此在所有单项标准都符合要求之后，教学质量在总体上的要求也就达到了。而对于一些比较复杂的教学任务，很难从中分离出清晰的单项标准，或者其整体标准并不是多种单项标准的简单相加，在这种情况下就要创建综合标准。在多数情况下，需要将单项标准与综合标准进行组合，通过两种标准的相互配合来提升教学水平以及教学质量。第二，要寻找到关键元素。意大利经济学家维弗雷多·帕累托（Vilfredo Pareto）通过对经济活动规律的分析，得出这样的结论：在一个特定的系统当中，能够起到关键性作用的元素总是占少数，而无法起到关键性作用的元素占多数。后人将这一现象总结为"帕累托原理"。根据该原理，人们可以借助寻找关键的顾客、输入、过程以及结果来对标准进行简化，以此来确保标准具有很强的综合性。第三，评价标准与工作标准要进行融合，在传统的教学质量管理中，教学评价处于核心地位，之所以会侧重于构建评价标准，是因为评价标准可以高效地衡量名校集团各个部门员工的工作能力以及工作效率。而全面教学质量管理反对这种单靠评价来维持运行的质量管控体系，倡导评价与具体指导相结合，特别是强调要给予顾客以及组织成员具体的指导，因此全面教学质量管理更加侧重于提供一个可靠的工作标准。具体来说，就是在制定约定标准的过程中，需要将教学规范、提供规范以及控制规范等内容进行深度融合。

（2）合理性与先进性

教学质量约定标准的先进性主要表现在以下两个方面：一是体现了教学方式、内容发展更新的现实需求，通过这种方式来推动教学管理工作向现代化、科学化的方向发展，鼓励教师运用新的教学方式以及教学技术，提升名校集团在业内的竞争力。二是具备一定的难度，教学质量约定标准不应该是很轻松就能实现的，要具备一定的挑战性，需要学生通过努力才能满足该标准的需求。

与此同时，该标准的先进性又让名校集团从实际的角度出发，遵循客观规律。从微观层面来看，也可以分为两个主要方面：一方面，要做到客观条件与主观意愿上的统一，在制定标准的过程中要充分考虑校园内部环境以及外部因素，这里需要特别注意的是要以名校集团的能力作为基础，在保守与激进中寻找到一条平衡发展的道路。另一方面，该标准的制定要符合该行业发展的客观规律，如社会发展规律、教育发展规律等。

（3）动态性与稳定性

教学质量约定标准的动态性与稳定性主要体现在两个方面：第一，该标准作为指导教学工作开展的参考，必须具有强制性，一旦制定并颁布就要确保其足够稳定，防止出现朝令夕改的现象，给顾客带来困惑。第二，要明白顾客的需求时刻处于变化当中，同时名校集团的师资力量也会随着经济的发展而逐渐壮大，在这种客观条件下，名校集团要对该标准进行及时更新，使其始终保持先进性。

（二）教学质量体系的运作

1. 教学质量审查

简单来说，教学质量的审查工作就是检查名校集团中的各个部门是否依照教学管理体系相关文件中的规定来执行的一种活动。其主要目的在于保证教学质量管理系统及相关标准能够得到有效执行。从细节方面来看，教学质量的审查工作主要包含三个方面的内容：首先，明确教学质量管理系统是否与名校集团实际情况相符，是否已经达到事先设定的组织目标。其次，确认名校集团开展的各种教学质量检查活动是否满足管理系统的相关需求。最后，要确定针对教学过程的管理是否达到预期效果，教学质量是否达到顾客的心理预期。理论上这种审查工作应该由专门的质量管理部门负责，如果名校集团没有设立该部门，也可以由教务处代为执行。

2. 管理评审

管理评审工作的基础是对教学质量的审核，一般情况下，该环节都是由校长亲自负责，同时名校集团的高层管理人员也要加入评审工作中，管理评审工作的频率为一年一次。其主要的工作对象是教学质量的目标和方针、质量管理系统的现状以及适应性。教学质量管理评审工作主要包括以下五项内容：第一，教学质量审核结果；第二，学生以及家长对于教学工作的意见；第三，教学质量相关问题以及名校集团针对这些问题所采取的措施；第四，管理系统的运行情况；第五，教学质量标准改进的实际效果以及上一次评审的结果。

3. 优化

针对名校集团教学进行系统性评估之后，紧随而来的就是如何进行优化的问题。优化的具体方式是针对教学质量管理系统中的某些项目以及某些标准进行完善、优化。这种优化工作的主要作用就是让整个系统更加适应新的应用环境以及运用背景。从细节上来说，优化主要可以分为两种情况：一是对系统进行完善，简单来说，就是对现有系统中的漏洞进行修补，一般情况下，这种完善工作不会对系统产生根本性的改变。该工作要根据系统运行的具体情况而灵活调整，在系统运作的过程中，不断发现实际运行与设计之间存在的矛盾并对其进行修正。二是对系统进行更新，主要作用是让系统能够更好地适应新项目的需求，同时让教学质量控制系统具有更高的标准，与第一种情况相比，这种更新可能会让系统发生根本性的变化。这两种优化方式是名校集团发展的基础，在实际运用过程中，要根据集团内部环境与外部环境之间的变化进行工作。伴随着各种需求的逐渐提升，教学质量系统也要跟上需求的步伐，实现同步优化。此外，由于名校集团内部条件的改善，之前因为资源不足而无法达到的标准以及项目具备了实现的基础。

当前的商业环境中，"一流企业做标准"已经成为一种行业共识。杭州求是教育集团能够取得成功的一个重要的内在因素就是其具备一套完整的管理制度以及管理标准，可以按照岗位不同来落实各种不同制度模式中所确定的工作需求，将每一个岗位的职责进行细化，明确公司内部援用的权利及责任。同时以年为单位对管理系统进行完善和升级，确保管理标准与公司的实际发展保持同步，进而让其内部管控变得更加科学。从传统模式中的"人治"成功过渡到以"标准化""制度化"为典型特征的现代管理模式。

六、名校集团的专业化经营

（一）名校品牌经营

1. 兼并式扩张

这种策略就是品牌名校通过自身的品牌效应将其他学校兼并进来，使品牌可以输入其他学校之中，并对其实现改造和重组，以此提升被兼并学校的教育质量，从而也使其成为名校。该策略是绝大多数名校都会在品牌扩张的过程中使用的一种策略。兼并能够更好地促进品牌名校的进一步发展。具体来说：第一，兼并是一种最具有效益的发展策略。这是因为自身已经有了非常成熟的办学思想与管理方式，在将比较弱的学校兼并之后，可以通过较少的投入及时间进行改造，使原本比较弱的学校有更好的发展，并实现"为我所用"，然后在同一核算体系之下就实现了进一步扩张。第二，兼并可以有效展现出名校品牌的基本价值。对于名校来说，其品牌就是一种极为厚重的无形资产，然而品牌并非一成不变，尤其是在当下这种更新迭代频繁的时代，品牌也需要加大发展力度。兼并手段不但可以将品牌目前存在的价值体现出来，还可以给今后的发展带来相应的契机。由于兼并本身是一件与各方利益都相关的事情，因此名校在制订兼并方案的时候就可以积极正确地投资，以"谁投资谁受益"的基本原则吸引更多资金。总之，兼并可以使名校变得更强，名利双收。

对于弱校来说，兼并能够促使其在资源共享的情况下摆脱困境，因此对其来说兼并带来的最大效益就是能够实现资源共享。弱校过弱的原因主要有三个：第一，缺乏办学经费；第二，师资力量不足；第三，学校管理不合理。在兼并之后，名校可以给弱校在这三个方面提供相应的帮助，改善教学条件、增加图书资源、培训教师、合理管理，不论是学生还是教师的利益，都可以得到良好的保障，尤其是名校自身的品牌效应还会吸引更多的家长与学生，使师生能够不断提升自我。这些软硬资源的分享可以使弱校渐渐强大，有更多发展的希望。倘若名校的品牌极为强劲，还会在短时间内将弱校变成品牌名校。这种兼并式扩张的方式极易出现的问题就是品牌个性可能会被稀释，也就是被兼并的学校其内在品质并未得到有效提升。品牌扩张必须获得成功，因为只要失败就会影响到其他"产品"，并使大众对整个品牌全部否定。

2. 连锁式扩张

这种策略就是品牌名校在对整个教育市场和自身的品牌影响进行分析之后，在具备了基本的美誉度以及知名度的前提下，通过创办分校的形式进行品牌扩张。名校创办分校要想获得成功，最关键的就是分校的品质必须和品牌名校完全一致。这种方式的优势就在于可以满足很多家长追求名校的欲望，虽然分校教学质量还需要一些时间检验，但是名校品牌仍旧对家长有很大的诱惑力。这种方式在应用的时候必须注意在体制产生改变的前提下实现和民办名校的公平竞争以及义务教育的实施。一些名校分校经常会通过不正当的方式进行生源抢夺，导致很多由企业、个人以及社会团体举办的民办名校出现生源萎缩的情况，严重浪费了教育资源。不仅如此，分校对于学生的筛选也使得义务教育中的小学及初中将考试当作教育的核心，导致基础教育改革出现倒退的现象。这一点是实施这种策略时必须注意的问题。

3. 合作式扩张

这种策略就是品牌名校通过无形资产和企业等名校以外的单位合作办学，就是通过企业提供资金、场地、校舍，名校出品牌、管理方式及人才的方式创建新的学校，从而将名校的品牌影响力提升到最大，实现迅速扩张。现阶段，这种方式经常被运用在教育和房地产企业的"联姻"方面，通过名校品牌带来的影响力创办分校已经是很多房地产企业发展的重要手段。

由于我国政策之中明确表示建设相应规模的住宅小区必须配备学校等基础设施，因此很多大型房地产项目开发时都必须建立学校。在这种背景下，很多企业都看到了和名校合作的优势：第一，通过教育储备金能够筹措到相应的建设资金，因此可以有效地减轻住宅建设方面的负担。第二，可以聚集人气。由于家长经常会到学校探望孩子，看到名校房子环境好就有可能会在这里买楼，由此促进房地产销售。第三，提升名气。众多家长参观，势必会使得楼盘和名校的名气得到提升。同时，名校也会从这种合作之中得到好处。名校在进行品牌扩张的时候需要大量的资金支持，而房地产企业实力雄厚，又愿意出资，所以两者之间的联合成为必然之选，可以有效解决名校发展资金短缺的问题。

（二）人力资本经营

1. 提升人力资本贡献率

学校经营的主要目标就是通过最小或有限的资源投入实现最大的收益，

达到效益最大化。学校在追求经营效益最大化的过程中，先后出现过投入产出效率、人力资本效率以及资源配置效率等，这些都是从学校整体经营目标方面所认识的效率逻辑关系，然而人力资本经营中也有一个关于怎样提升投入产出比率和怎样提升贡献率的问题，换句话说，就是学校怎样开发已经有的或者是未来会获得的人力资源，确保在配置之中提升效率。对此，学校人力资本经营目标的指向主要包含两个方面的含义：第一，降低人力资本投入，增加投入收益，通过高收益、低成本达到学校经营效益的最大化；第二，科学地进行人力资本经营，有效配置人力资本存量，实现整体价值，实现经营目标。

2. 提升教职工素质

对于学校的人力资本经营来说，另一个目标就是提升教书育人、管理育人以及服务育人的教职工素质，尤其是教师与校长素质。在学校经营之中，校长是促进学校经营的重要因素，教师在教育的同时也在推广着相关教育"产品"，这和企业先生产后销售存在很大区别。因此提升教师与校长的各项能力，尤其是提供教育服务时，面对顾客必须具有经营销售服务意识，这是非常关键的。

3. 提升人力资本参与水平

目前学校经营者最关注的一个目标就是强化人力资本的参与，提高人力资本的参与水平，实现经营效益最大化。学校经营是学校组织之中人力资本主体参与、群体互动以及协调一致而实现经营目标的一个重要过程。

4. 推动学校组织制度创新

现阶段，学校正处在一个变化频繁的社会经济环境之中，而这样的变化，除要求学校必须有效适应创新与改革，强化学校的组织应变力外，还要进一步改革学校组织之中成员的态度、行为和作风，更好地适应组织当下以及长远发展的需求。

在这样的形势下，一些学校立足校本培训，加大了人力资本的开发力度。在教师队伍参差不齐的情况下，始终坚持基本的主体性、共享性和发展性原则，建立起了一个具有时代特性的师训模式，实现了教师教育理念的更新，提升专业素质。有些学校还因为自身集团人数过多、教师素质参差不齐以及各个校区相距较远的情况，构建起了校本培训超市，相关部门组织主题式培训，教师根据自己的实际情况自主选择培训的时间、内容及地方，双方都能够有效选择，实现了柔性流动，使校本培训变得更具实效性及针对性，实现了教师专业的有效成长。另外，这些教育集团还出台了一些新的措施，如开设了青年教师读书班，倡导其多读书，以期通过这种形式进行充分的交流探讨；还对师徒结对的方式进行了创新，实施多元师徒制模式，由原先的一对一模式转变为多对一模式，使年轻教师可以吸收更多优秀教师的经验；在集团之中还开展了走教制度，让各个学科的带头人积极在各个校区任教，并加强对教学能力比较弱的教师的培训，使其在导师的指导下强化自身的教学能力。相关研究表明，只有实现集团办学，这些校本培训模式才能够有效实施。同时，在这种模式之下产生了大量的教学人才，教师自身的专业能力得到了有效提升，更多的教师看到了发展的希望，也对教学工作充满了信心，有了更多的工作动力。

第四节　基础教育名校集团化办学现状与未来走向

一、名校集团化办学的发展概况

近些年来，较为发达的南方地区，如上海、广东、杭州、南京以及合肥等地区开始尝试实行公立院校集团化的办学模式，就是以当地的名校（核心院校）为核心，合并若干普通级别的院校，构成一个较大的教育集团共同发展的思路。

名校集团化办学最大的优势就在于能够有效实现教育资源的优化配置以及相应的合理供给。对于社会和政府而言，名校是在多方扶持下建立起来的优质教育资源，是文化积淀和教育沉淀出的稀有公共资源，因此在大众中推广优质教育服务的时候就更需要名校起到带头作用，承担更多的社会教育发展责任。以此为基础，就需要将名校这种宝贵的教育公共资源所承载的效益进行最大化管理。如果仅仅以上升趋势决定教育事业发展道路，那么成效的显示往往会比较慢，而如果将名校中先进的教育管理理念和经验、优秀的师资力量等资源进行名校集团化办学加以整合与共享，那么区域内教育事业的变革就会呈现百家争鸣的发展效果，有效地促使优质教育资源进一步扩张，从而满足大众对于优质教育资源的需求。

名校集团化办学现阶段还属于新生事物，因此发展的进程取决于整体的运作成效，而其成效则反哺这一模式的有效实施。针对名校集团化办学的成效有一定的评鉴准则，当然，这种评鉴方式不仅源于教育领域，更源于社会、教育市场、学生以及学生家长的评说。群众最关心的事情就是在实施名校集团化办学之后是否会影响之后的教育收费，收费是否会提高。这一点在杭州的名校集团化办学实施中已被证明。但是要知道名校集团化办学的主要目标就是推动基础教育在各个地区的均衡发展，主要目的就是促进优质教育的普及化和平民化。名校集团化办学也不存在所谓的"搭车型"收费，主要是以优质低价的教育为主，教育收费还是依照当地的收费项目、标准进行，招生的手段和方式也不会改变。在名校集团化办学工程中并列进入名校集团的院校也是按照其原本的分类、性质和级别进行收费标准化操作，并不意味着名校集团化办学就会产生更多的"贵族学校"。由于杭州的名校集团化办学多数属于公办院校，因此进行名校集团化办学的目的就在于扩大优质教育资源，使市民在家门口就能享受到最优质和便捷的教育。

从宏观的角度来看，杭州名校集团化办学最大的成效就在于其能够有效推进当地基础教育的均衡化发展，主要成效表现在以下两个方面。

第一，进一步加快了优质教育资源的发展，缓解了现今愈演愈烈的择校风潮，满足了各阶层群众对于教育的不同需求，建立了新的办学体制，激活了原本的国有教育资源，提升了师资队伍的整体素质，有效提高了各地的办学效益以及相应的办学水平，推进了区域内城乡协同发展。就研究而言，实施名校集团化办学能够有效达到五项标准：有助于整合和优化当地的教育资源配置，从而推动当地基础教育的均衡发展；有助于调动当地各类院校以及社会各界兴办学校的积极性、主动性以及创造能力，极大地缓解了基础教育投入不足的问题；有助于推动办学体制的改革，尤其是提升了中小学等基础教育院校的办学效益以及办学水平；有助于发挥优秀教师的传帮带作用，从而提升整个师资队伍的教学水平；有助于满足人民群众以及子女对于优质教育资源的需求，实现整个社会优质教育资源的普及化和平民化。

第二，改善各地教育均衡程度，是民生改善的主要组成部分，对于名校集团化办学，群众最期待也最需要的就是内在的教育资源实实在在，而不是仅仅借助名校的名头。要知道名校集团化办学主要就是实践性工作，不仅要以盛名立身，还需要有提升院校层次的作用，促使更多的新建院校、教育薄弱院校以及农村院校能够借助名校集团化办学进行快速和标准的发展，实现优质教育的普及。

二、名校集团化办学的成效评估标准

就名校集团化办学而言，它只是一种起步时间还较为短暂的新型改革事物，因此更加需要教育市场以及社会的认可，而一般所说的名校集团化办学成效评估主要是指某个阶段内的教学标准评估。在初级阶段不能以过高或者过细的标准去衡量事物，而应该以发展的眼光，在教育领域评价的固有框架之外进行相应的评估，这样才能有效审视名校集团化办学现阶段的初步成果。

（一）教育中历史性的突破

名校集团化办学是教育发展和改革中的创新产物，主要是针对区域化教育均衡发展以及实现教育公平化的一种全新的创新尝试。名校集团是新时代教育发展的产物，沉淀着教育产业的发展经验以及相应的先进教育理念，因此就需要承担起相应的使命，为教育的进一步发展扛起大旗。名校集团化办学是新时期教育公平的具体体现方式，也是社会主义教育发展的必然要求。

教育管理体制的改革能够最大限度地扩展教育事业发展所需的权利以及相应的责任，有效促使基础教育由地方进行高效责任分管，充分调动起当地党政机关、企事业单位人员以及广大群众对于教育事业发展的配合度以及积极性，让基础教育得到更多的重视，解决中小学基础教育办学难的问题，提升中小学教师的薪资以及福利待遇，从而推进教育行政部门的不断发展，促使整个教育行业得到长足的发展和提升。这里需要注意的是，每个地方的财政收支都是不均衡的，如果仅靠体制改革推动基础教育中学校的发展是不现实的，会造成弱势学校发展不充分和教育不平等现象的不断扩大。为了改变这个局面就需要借助外界手段，而名校集团化办学就是有效的手段之一。名校集团化办学能够利用名校资源（其中涵盖了教学设施以及名校的品牌和师资力量）带动弱校进行有序改进，提升管理水平和教学质量，同时对名校来说名校集团化办学可以有效扩大办学规模，扩大享受优质教育的学生覆盖面积，从而有效提升当地教育的普及性和公平性，满足社会主义发展要求，缓解社会教育分布不均的问题，减轻政府在基础教育方面的压力。

（二）改变择校风

由于教育资源不平衡，越来越多的家长开始崇尚择校，择校的压力再反噬到学生身上，就成了一部分学生因为压力产生心理问题的主因。现阶段义务教育中择校风带来的连锁反应已经逐渐凸显，小学阶段就开始以成绩作为评判标准，学生之间也往往以成绩作为评判好坏的唯一标准，促使小学阶段心智还未成熟的学生产生了如果不能上一个好初中就是失败的情绪。与此同时，拥有权力或者金钱充裕的家长则可以直接跳过考核环节，通过高昂的学费或者各种利益关系进入好的初中，教育中的公平性严重缺失。择校现象的出现进一步加大了阶级之间的固化，也加重了家长的经济负担，破坏了社会的和谐有序发展。

现阶段社会主义经济的发展与基础教育的发展紧密联系在一起，尤其是教育与城市化之间的关系逐渐明显起来，普通群众对于优质教育的期望也越来越高，这也是择校风成为现今主流趋势的主要原因。家长们普遍采取的方式就是以金钱与权力的方式进行交换和交易，而不是以成绩和考试分数来决定优劣，部分家长干脆直接进行教育投资来换取子女就学的机会，现今炒热的学区房就是择校风的衍生物之一。针对这些现状，杭州市委、市政府以及相关的教育行政部门开始具体实施名校集团化办学战略，保证基础教育中各区域内上学难的问题得到有效解决，现已取得初步成效。

现今杭州市下城区的优质教育资源是扩张最快的，主要是通过实施名校集团化办学，现今获益的学生已经超过了学生总数的90%，也从根本上缓解了基础教育资源不足的状况。

杭州由于推行先进的名校集团化办学理念使得教育资源分配更加均衡，在保证基础教育不存在乱收费的前提下促进名校集团化办学的有效实施，有效推动了杭州教育事业的全面发展。

（三）创新型教育制度

1. 名校集团化办学体制的创新

长久以来，制约整个社会主义基础教育事业发展的主要因素就是较为单一的公办教育办学体制。要知道这种体制还是以财政拨款为主要收入来源，因此受到综合国力的限制，许多基础教育学校在办学中会出现捉襟见肘的现象，学校的基础设施不符合标准，师资力量也有所欠缺，因此会严重影响到整个学校未来的发展。杭州推行的名校集团化办学从根本上变革了单一的办学体制，突破了基础教育发展中的瓶颈，改变了办学经费全部源于财政拨款的现状，解决了基础教育经费短缺的问题，加上名校集团化办学的办学形式较为灵活，也打破了传统的以公办教育体制为主流的教育格局，形成了更加多元化和创新型的办学模式，从而实现了优质教育资源落实到人民群众，增强了基础教育的普及化和平民化，让更广泛的人群接受优质的基础教育，促进区域内教育资源均衡发展。

2. 名校集团化办学模式的创新

名校集团化办学本身就是一种新型办学模式创新，以往的教育形式都较为单一，杭州市解放了自身教育发展思想，进行了办学模式的改革，从而促使当地的办学形成"百花齐放"的局面。

3. 名校集团化办学管理机制的创新

杭州市推行的名校集团化办学主要是引入了市场经济的管理理念，以企业的管理机制和运行机制为主，从而建立了符合名校集团自身发展规律的管理准则。

（1）扁平化管理机制

扁平化管理机制相对于传统等级分明的管理机制而言，管理层级较少，能够做到简政放权和统一指挥，极大地消除了冗杂事务造成的内耗，使管理效率提升，是一种高度人性化的管理模式。

（2）网络化管理机制

网络化管理机制主要是依赖信息化网络技术进行的远程时空管理技术。在名校集团化办学的工作中，将工作计划、工作流程以及工作绩效在网络上显示出来，突破了距离限制，让网络成为成员之间便捷的交流手段，尤其是在师生之间形成了良好的交互，让家长也能及时了解自己孩子的学习和生活状态。文字形式的电子邮件也是教学活动中传递文件的主要形式，在日常会议中，视频会议能够有效提升会议效率，让不在场的人也能参与其中，减少交通运输的麻烦，而网络上的信息也成为师生获取教学资源的主要来源之一。

（3）质量管理机制

现今的教育模式以学生为焦点，因此学生与家长的满意程度也是衡量教育质量的重要标准。要确保在名校集团化办学中名校的教育质量不因参与的程度不够而被稀释，名校集团化办学要注意建立统一的管理制度和标准，根据每个管理者或者执行者所处位置的不同提出不同的要求和制度，细化教职员工在具体工作中需要承担的职责，划分集团中每个成员的权责，明确岗位责任和岗位要求，从而促使名校集团化办学管理更加专业化和标准化。

4. 激活国有教育资源投入

名校主要是教育实施者，因此不具备单位资源或者部门资源，它是在历史长河中由国家、社会、学校、教职员工、家长和学生共同创造的社会性教育财富，是现今较为稀缺的公共资源。在实施名校集团化办学的过程中，不仅要传递名校的盛名，更需要将优质院校的教育理念、教育思想、课程改革取得的成功、师资力量优势以及社会影响力等进行进一步的优化配置，再注入不同的学校当中，让区域内的更多学生享受到优质的教育资源，从而实现教育资源在公共教育中的优化配置，也能够让名校这个概念落到实处。

现阶段，充分调动各类院校以及社会各界参与名校集团化办学的积极性和创造性，能够有效缓解基础教育投入不足的现状。教育本身就有助于城市化的发展，有助于推进城市建设的脚步，因此要实现教育与城市化之间的互动。各级政府在行政支出方面一直在增加针对教育的投入，但是随着教育行业的不断发展，这些投入已经不能满足相应的教育需求，尤其像杭州这样城市化进程较快、经济发达的城市更是如此，如果仅仅依赖政府的财政支出就无法完成优质基础教育的普及。之后出现了民办院校的建立风潮，但是民办院校如果仅仅是利用自身资源很难得到高效发展，造成民间投资风险增加，因此名校集团化办学应运而生。名校集团化办学不仅能够有效缓解当地政府对于基础教育投入不足的状况，还能调动社会各界的积极因素进行优化配置，从而推动社会各界与教育行业之间的跨越式发展。

三、名校集团化办学面临的考验

（一）管理体制产生的困难

名校集团化办学的理念离不开现代化的学校管理制度，因此在名校集团化办学过程中就要实行集团内部人权、物权、财权以及事权的统一化管理，不能仅仅以名校招牌为主，而应该让办学院校真正处在名校统筹管理之下。

但目前的情况是，名校集团化办学中，一个集团会出现多个法人，这就使得原本以名校为主的办学理念变为各个学校之间的合作，极大地阻碍了名校集团化办学中资源的统一配置，影响了名校集团化办学中名校应该占据的主导地位。例如，在某些名校集团当中多个直属部门都享有法人地位，分校校长需要由管理部门指定，但是由于法人众多就会削弱名校的管理和调配作用，权力分散严重，造成分校与名校之间产生教育师资以及教育经费的竞争，造成名校集团在竞争过程中出现内耗现象，甚至在相应的教育资源输出之后还会产生进一步的割裂现象，导致名校在集团化办学的过程中反而弱化了自身资源。

因此，在名校集团化办学过程中要坚持本身的管理地位以及管理机制，不应该因循传统的管理手段，要以有利于管理和资源配置为首要条件进行教育资源的合理配置。这就需注意，即便是教育集团管理，也并非资金越多、校园建设越大越好，而是要有效优化资源配置，促使资源能够得到充分利用。

（二）优质教育资源合理配置的困难

名校建立的基础就是师资力量和管理团队，但是由于资源配置存在不合理现象，在名校集团化办学过程中名校需要输出大量的管理和教学人才，在实现分校资源优化过程中也有可能稀释名校本身的优质教育资源。

例如，在教师资源的流动方面，就名校而言，优质教师的人才流向不断削减就会导致名校本身的教育质量受到影响。现阶段，公办学校的教师和民办学校的教师在教学的身份以及相关的资历、学识、经验方面存在差异，对公办教师而言，民办学校应该能够实现来去自由，但是民办学校的教师如果要进入公办学校则会存在较大的阻力，这也会给名校集团化办学中领导班子、教职员工甚至学生造成较大的压力，尤其是在名校与社会中民间资本进行合作时，教职员工的配置并不能因为集团的扩大而不断增长，否则会严重阻碍名校集团化的发展。

优质教育资源需要有效扩张，但是优质教育资源占有数额毕竟有限，即便是名校本身实力强大，也不能放弃资源的优化配置，这既能避免资源浪费，也能促使名校和分校更加重视自身的教育资源。

（三）动力机制方面的困难

到目前为止，在名校集团化办学过程中使用的考核和奖励方式都是传统的方式，管理者在管理过程中本身要承担巨大的权责，却没有建立相应的激励制度，这就导致在名校集团化办学过程中办学的具体实施不顺畅，对后续的办学产生极大的阻碍。

名校中校长的个人能力是名校集团化办学的主要动力，许多校长都抱着对教育事业的热爱以及先进的教学理念进行教学活动，目标是实现优质教育资源的合理化配置，但是名校集团化办学是一个长期、发展性的战略，并不是单纯依靠校长一人的力量和理想运作的，要首先从机制上去完善整个名校集团化办学过程的动力机制，这样才能有效推进办学中具体问题的解决。

（四）名校集团化办学相关的其他问题

这些问题主要表现为：办学中的盲目扩张，不能根据具体条件进行个性化办学，办学的理念冲突，不再以发展教育而是以资本收入为目的。

四、名校集团化办学的发展趋势

现今的名校集团化办学已经呈现出四种较大的趋势，即实现教育个体探索到整体推荐，实现政府行为逐渐向教育行为的过渡，实现教育资源从城市到农村的广泛分布，实现国内办学走向国际办学的发展。

名校办学不能偏安一隅，除了要适应城市化的发展需求之外，资深教育体制和教学模式的改革与创新也是非常重要的，不仅要注意基础教育的全方位普及，还应该注意城市中心地区商业价值的不断攀升，老城区逐渐从居民居住向着商业和公务的职能迈进，城市按照不同的区域划分相应的板块，这就需要教育资源以配套的形式进行优化，针对不同区域的不同情况进行优质教育资源的配置。

名校受其自身的历史积淀以及相应的办学时代影响，所处的地理位置往往是旧城区的中心地带，这就给未来扩大发展和规模增加带来了诸多限制，随着城市化进程的不断提升，这些问题也会越发突出。如果地理上的问题不能很好地解决，就不能让更多的人享受到优质的教育，而优质教育资源也会因此逐渐被削弱。

面对这些问题，促进优质教育资源平民化的名校集团化办学战略就是名校发展的必由之路，以名校产生的品牌效应作为支撑，加强名校集团化办学中的管理和教育资源输出，从而让更多学生享受到高质量的教育，满足群众对于优质教育的需求，这也是教育发展的必然要求。

政府的政策资金支持是有限的，但是由于人口和资源分布等原因，对于教育的投入只是杯水车薪，因此就需要推动名校集团化办学，这样既能达成名校的二次创业，又能改善民办院校教育资源不足的现状，同时解决了财政支出不足的问题，可谓一举多得。

名校在资金、人才和管理经验上都具有非常大的优势，因此名校集团化办学对于教育事业和基础教育均衡发展都有着不可替代的作用。